行事・季節のうた〜アニメ・ヒットソングまで

こどものうた ピアノ伴奏集 ベスト100

音楽教材研究会●編

簡易伴奏と
本格的な伴奏の
どちらでも弾ける

民衆社

本書の特徴と使い方

　簡易ピアノ伴奏の楽譜集がもてはやされていますが、簡易伴奏による演奏は、奏者が手軽に伴奏できる反面、音に厚みがなく、歌い手である子どもたちがイキイキと歌えないという側面も持ちあわせています。
　本書は、簡易伴奏だけではものたりないという人のために、本格的な伴奏でも弾けるようにようにアレンジしてありますので、自分と子どものレベルに合わせて、お好きな方（簡易伴奏は主旋律を右手）でお弾きください。
　その他の特徴としては、

◎ピアノ伴奏の練習に欠かせない指番号を全曲に記入。
◎子どもの声に無理のない調にアレンジ。
◎歌詞とコードネームを全曲掲載。
◎あそびのうた・手話付きのうた等にわかりやすいイラストを掲載し、覚えやすいように工夫。
◎卒園・入園・誕生会・運動会・クリスマス・あそび・アニメ・ヒットソング・春・夏・秋・冬のうたの12ジャンルで構成し、子どもたちの１年間に必要なうたを網羅。

などがあげられます。
　本書が、みなさんのお役に立つことを切に願っております。
　また、ご意見、ご要望などがございましたら、当会までお寄せください。今後の参考にさせていただきます。

音楽教材研究会

アニメのうた

ヒットソング

春のうた

夏のうた

秋のうた

冬のうた

卒園のうた

手のうた

すずききよし　作詞・作曲

A
A D A B7 E7
き み
き み
き み
B
A D A B7 E7
の 一 そ の て は な ん の た め の て き み
の 一 そ の て は な ん の た め の て き み
の 一 そ の て は な ん の た め の て き み
A D E7 A
の 一 そ の て は も の を つ か む 一 て し あ
の 一 そ の て は も の を つ ま な ぶ 一 て し あ
の 一 そ の て は も の を つ く る 一 て し あ

C
D A B7 E7
わせを つかむて みらい をつかむて きみ
わせを まなぶて みらい をまなぶて きみ
わせを つくるて みらい をつくるて きみ
A D E7 A A
1.2. 3.
の ーそのては みんなとつなぐて て きみ
の ーそのては みんなとつなぐて
の ーそのては みんなとつなぐ
D
A D E A Dm7 A
の ーそのては みんなとつなぐて ー

① きみの その

前を指す。

② 手は

③ なんの

顔の前に人さし指を立て、左右に振る。

④ ための

左手、親指と他の４本指で輪をつくり、
その上に右人さし指をのせる。

⑤ 手

⑥ きみの その

前を指す。

⑦ 手は

⑧ ものを

親指と人さし指をのばし、手首をまわし
て向きを変えながら、左から右へ移動。

⑨ つかむ

ぐっと握る。

⑩ 手

⑪ しあわせを

あごの下で、親指と他の４本指をやさしく
２回、近づけたり離したりする。

⑫ つかむ

⑬ 手

⑭ 未来を

手のひらを前に向け、顔の横に立てた手を、
そのまま前へ押し出す。

⑮ つかむ

⑯ 手

⑰ きみの その

⑱ 手は

⑲ みんなと

手のひらを下に向け、体の前に
左から右へ大きく半円を描く。

⑳ つなぐ

左手と右手で握手をして、体の前
に左から右へ大きく半円を描く。

㉑ 手

2番　1番の歌詞の「つかむ」を「まなぶ」に差し替える。

まなぶ

手のひらを上へ向け、開いた本を持っているような仕草。
そのままトントンと軽く2回下へ下げる。

3番　1番の歌詞の「つかむ」を「つくる」に差し替える。

つくる

左手こぶしに、右手こぶしを2回トントン
と上からつける。

卒園のうた

みんなともだち

中川ひろたか　作詞・作曲

♩=144より速くならないように

♫＝♩♪（3連）（リズムにくれぐれも注意してください。D.S.と 𝄌 が1.2.とそれぞれありますので、進行に注意しましょう。）

A
G
D
A7
D
D7
みんな
B
G
D
B7
ともだちー　ずっとずっと　ともだちー　がっこう
ともだちー　ずっとずっと　ともだちー　おとなに
Em7
A7
D
A/E
D
D7
1.
いってもー　ずっとともだち　Yeah ー　みんな
なってもー　ずっとともだ
D
Bm
2.
Em7
A+5
𝄋1
C
D
ち
みんないっしょにー（いっしょにー）
みんないっしょにー（いっしょにー）

D
Em7
うたをうたった（うたったー）みんないっしょにー（いっしょにー）
プールであそんだ（あそんだー）みんないっしょにー（いっしょにー）
A
A7
D
えをかいた
ロボットをつくった
みんないっしょにー（いっしょにー）
みんないっしょにー（いっしょにー）
D
Em7
おさんぽをした（ラララー）みんないっしょにー（いっしょにー）
かけっこをした（ラララー）みんないっしょにー（いっしょにー）
A
D7
𝄋2
D
G
おおきくなったみんなともだちー　ずっとずっと
おおきくなったみんな

D B7 Em7 A7
ともだちー がっこういっても一 ずっとともだ
D A7 D D7 G
ち Yeah ー みんな ともだちー ずっとずっと
D B7 Em7 A
to Φ1 2
ともだちー おとなになってもー ずっとともだ
D Bm7 Em7 A+5
Φ Coda 1
D G/A D Em7 D7
ち ち みんな
D.S.1
D.S.2
Φ Coda 2
D Bm Em7 A7 D G D
ち
Yah!

大きくなーれ

保母のうたごえ祭典実行委員会 作詞
峰 陽 作曲

A
F C7
はるがきたら Ye Ye Ye ー
なつがきたら Ye Ye Ye ー
あきがきたら Ye Ye Ye ー
ふゆがきたら Ye Ye Ye ー
C F F7 B♭ C7
セーターぬいで Ye Ye Ye ー せのびをして Ye Ye Ye ー おおきくなー
にゅうどうぐも Ye Ye Ye ー はばたけみんな Ye Ye Ye ー おおきくなー
まつりばやし Ye Ye Ye ー かたくみあって Ye Ye Ye ー おおきくなー
かぜのなかで Ye Ye Ye ー いちにのさんで Ye Ye Ye ー おおきくなー
F F7 B B♭ F G7 C7
れ Ye! トンビもホララ メダカもホララ みんながまってた はるだから
れ Ye! とびたてホララ そらまでホララ ちきゅうのまるみが みえるから
れ Ye! やきいもホララ やきぐりホララ まっかなりんごは まるかじり
れ Ye! かぜのこホララ ゆきのこホララ あしたがよんでる うたってる
B♭ F C F F
1.2.3. 4.
おおきくなれ おおきくなれ おおきくなー れ Ye! れ Ye!
8va

ドキドキドン！一年生

伊藤アキラ　作詞
桜井　順　作曲

A
C
C G C
B
C G C G C
サクラさいたら　いちねんせい　ひとりで　いけるかな
チョウチョとんだら　いちねんせい　カバンは　おもいかなな
ヒバリないたら　いちねんせい　ぼうしは　にあうかな
C G C G C
となりにすわるこ　いいこかな　ともだちに　なれるかな
ねむたくなったら　どうしよう　きゅうしょくは　うまいかなな
あめのひかぜのひ　へいきかな　べんきょうも　するのかな
C
Am Em Am
だれでもさいしょは　いちねんせい　（いちねんせい）　ドキドキするけど
みんなもおんなじ　いちねんせい
しんぞうおさえて　いちねんせい

D7 G7 C C G C
ドー ンと い け ド キ ド キ ドン いちねん せい
C C G C G7
1.2.
ド キ ド キ ドン いちねん せい
C G C
3.
いちねん せい
（ティンパニーのように）
（堂々と）

（右手・左手がユニゾンで弾くフレーズがたくさんあります。オクターブの移動が大変な場合は移動の方法を工夫してみてください。）

卒園のうた

さよならぼくたちのほいくえん（ようちえん）

新沢としひこ　作詞
鳥筒　英夫　　作曲

♩=108~112
A
Am7　Bm7　C6　D7
た く さ
B
G　C/G　G　Em
ん の ま い に ち を こ こ で す ご
ん の ま い に ち を こ こ で す ご
Bm　Dm　E7　Am　D7
し て き た ね な ん ど わ ら っ て な
し て き た ね うれ し い こ と も かな
Bm　Em　Am7　A7　Dsus4
ん ど な い て な ん ど か ぜ を ひ い て
し い こ と も き っ と わ す ー れ な い

D7
C
G
C/G
G
たくさんのともだちとここで
たくさんのともだちとここで
Em
Bm
Dm
E7
Am
あそんできたね どこではしっ
あそんできたね みずーあそび
D7
Bm
Em
Am7
A7
てどこでころんでどこでけんかをし
もゆきーだるまもずっとわすーれな
Dsus4
D
G
C/G
G
てー さよならぼくたちの
いー さよならぼくたちの
さよならぼくたちの

C G C Am7 Cm6
ほいくえん ぼくたちのあそんだに
ほいくえん ぼくたちのあそんだに
ほいくえん ぼくたちのあそんだに
（ようちえん）
G C/G G C/G G
わー さくらのはなーびら
わー このつぎあそーびに
わー さくらのはなーびら
C G Am Am7-5 D7
ふるころは ランドセルのーいちねん
くるときは ランドセルのーいちねん
ふるころは ランドセルのーいちねん
G C to G 1. G 2. D7 Coda G
せい たくさ
せい
せい
（最後のみrit）
D.S.

ゆびきり

新沢としひこ　作詞
中川ひろたか　作曲

Fmaj7 Em7 Dm7 G7
A
C F G7 C Em F G
こ の ま ま　ず っ と ー　や さ し い　き も ち で ー
こ の ま ま　か ぜ に ー　ふ か れ ー　て い る と ー
C F G C Em F G C
い ら れ ー　た な ら ー　い い ー　の に な ー
そ ら を ー　と べ る ー　よ う ー　に な る ー
C F G7 C Em F G
お ん な じ　く さ に ー　ね こ ろ ー　び な が ら ー
お ん な じ　は な を ー　ま く ら ー　ー に し て ー

Fmaj7 Em7 F G7 C
し ろ い ー ー ー く も を ー み あ げ て い た
お ん な ー じ ー こ と を ー か ん が え て い た
B
Em Am Em Am
と き ど き け ん か を ー す る け れ ど
と き ど き か な し い ー こ と も あ る
Em Am Em7 D7 G7
と き ど き き ら い に ー な る け れ ど
と き ど き さ み し い ー こ と も あ る
G+5
C
F G C F G
ず っ と と も だ ち だ か ら ね ー き っ と と も だ ち だ か ら ね
だ か ら と も だ ち だ か ら ね ー

C F G C F
ー　これは　やくそくだからね　ー　きみと　ぼくの
G C F G7 C
1. 2.
ゆびきり　ー　ー　ー

ぼくたちのうた

新沢としひこ　作詞
中川ひろたか　作曲

C C+5 F Gsus4 G C
a tempo
A
C Dm7 G7 C F A7
はるのそらに ひびけ ぼくたちのうた
あきのかぜに ひびけ ぼくたちのうた
Dm7 G Em7 Am7 Dm7 G7 C
くもをおいかけ はしったあの はるのひ
おちばのたきび かこんだあの あきのひ
B
C Dm7 G7 C C+5 F A7
なつのうみに ひびけ ぼくたちのうた
ふゆのやまに ひびけ ぼくたちのうた

Dm7 G Em7 Am7 Dm7 F/G G7 C
うちよせるなみきらめくあのなつのひ
ゆきにまみれてあそんだあのふゆのひ
C
F C Dm7 C F C Dm7 G7 C
Sing a song わすれないさ Sing a song あのときを
F C Dm7 C F C Dm7 G7 C
(2time poco rit) (2timeのみ)
Sing a song わすれないさ Sing a song いつまでも
(2time poco rit)
Fine

卒園のうた

きみとぼくのラララ

新沢としひこ　作詞
中川ひろたか　作曲

A
G C D B7 Em A7 D7
B
G C G C D7
さよならなんて　ーい　わーなくても　いいよね　ーまたあえるね　ー
こころがちょっと　ーい　たーーいのは　えがおが　ーまぶしいからだね　ー
G B7 Em Am7 D7 G
げんきで　ー　なんてい　わなくても　げんきで　ーまたあえる　ね
さみしい　ー　なんてい　わないのが　いいよね　ーきっとあえる　ね
C
C G C G
ぼ　くのーみる　そらと　ー　き　みのーみる　そらは　ー
ぼ　くのあるく　みちと　ー　き　みのあるく　みちは　ー
ぼ　くのーみる　ゆめと　ー　き　みのーみる　ゆめは　ー

C D7 Bm7 Em Am7 D7
つ ながっていいるからーおんなじそらだからラララ
つつ ながっていいるからーおんなじみちだからら ラララ
つ ながってい るからーおんなじゆめだから ラララ
D
G C G Em A7 D
さよならの かわりに なみだのー かわりに ラララ
かなしみの かわりりに てをふるー かわりりにに
さよならの かわりに なみだのー かわりに
G C G C D7 to Coda G
1.
きみとぼくの あいだに ラララーひとつのーうた
G
2.
Coda
G Cm D7 G
た た
D.S.

ビリーブ

杉本竜一　作詞・作曲

♩=92~100　ペダルを効果的に使って
A
F C B♭ C7 F
tempo
B
F C Dm Am B♭ F Gm7 C7
たとえばきみがー きずついて くじけそう になっ たときは
もしもだれかがき みのそばで なきだしそう になっ たときは
F C Dm B♭ F Gm C F
かならずぼくが そばにいて さ さえてあげるよ そのかたを
だまってうでを とりながら いっしょにあるいて くれるよね
C
Dm Gm C F
せかい じゅうの きぼうの せて
せかい じゅうの やさしさ ーで

D7 Gm B♭/C C
こ の ち きゅ う は ま わ っ て る い
こ の ち きゅ う を つ つ み た い い
D
F C Dm B♭
ま ー み ら い の ー ー と び ら を ー あ け る と き
ま ー す な お な ー ー き も ち に ー な れ る な ら
E
F B♭ Gm C7
か な し み ー や く る し み ー が い
あ こ が れ ー や い と し さ ー が お
F C Dm Dm7/C B♭
つ の ひ か ー ー よ ろ こ びに ー か わ る だ ー ろう
お ぞ ら に ー ー は じ け て ー ひ か る だ ー ろう

F Gm F C7 F
1.
アイ ビリーブ イン フューチャー しんじてる
アイ ビリーブ イン フューチャー しんじて
B♭ C7 F C7
2.
F
F
る いま ーみらいの
C Dm Dm/C B♭ F
ー ーとびらを ーあけるとき アイ ビリーブ イン
Gm F C7 F B♭ F Gm7 C7 F
フューチャー しんじてる ー
rit.

卒園のうた

いちねんせいになったら

まどみちお　作詞
山本　直純　作曲

♫ = ♩♪（2小節サイクルの動きを把握すると、全体の流れが見えるでしょう。）

A
F　B♭　Bdim7　F　B♭　C7　F
B
F　Dm　Gm7　C7　F　Dm　Gm　C7　F　Dm
いちねんせいーに　なったら　いちねんせいーに　なったら　ともだちひゃくにん
Gm7　C7　F
できるかな
C
F　Dm　Gm7　C7　F　Dm　Gm7　C7
ひゃーくにんーで　たべたいな　ふじさんの　うえで　おにぎりを
ひゃーくにんーで　かけたいな　にっぽんじゅうを　ひとまわり
ひゃーくにんーで　わらいたい　せかーいじゅうを　ふるわせて
F　Dm　Gm7　C7　F
ぱっくんぱっくん　ぱっくんと
どっしんどっしん　どっしんと
わっははわっはは　わっはっは
C7　Dm　D♯dim7　C7　C7　F
1.2.
3.

入園のうた

世界中の子どもたち が

新沢としひこ　作詞
中川ひろたか　作曲

♩=120~126
A
G
せかい　じゅうのこどもたちが　いちど
じゅうのこどもたちが　いちど
（このパターンの付点が難しい人は全音符でもよい）
G　Am　D
に　わらったら　そらも　わらうだろう　ラララ
に　なーいたら　そらも　なーくだろう　ラララ
C　D7　G　G　B　B7
1.　2.
うみもわらうだろう　せかい　う　ひろげ　ようぼくらの
うみもなくだろ
Em　A7　D　B7
ゆめをとどけ　ようぼくらの　こえをさかせ　ようぼくらの

Em A7 D C G
はなをせかいに にじをかけよう せかいじゅうのこどもた
G Am
ちが いちどに うたったら そらもうたうだ
D C D7 G 1. G 2.
ろう ラララ うみもうたうだろう ひろげろう
G
（ファンファーレのように高らかに）

入園のうた

はじめの一歩

新沢としひこ　作詞
中川ひろたか　作曲

A
C G Am Em F Gsus4 G7
f
Ped.
B
C G C F G C C7 F G7 Am
ちいさなとりが うたっている よ ぼくらーにー あさが
しんじることを わすれちゃいけ ない かならーずー あさは
D7 G7
C
C G C F G
おとずれた よーとー きのうとちがう あさひがのぼ
おとずれる かーらー ぼくらのゆめを なくしちゃいけ
C C7 F G7 Am Dm7 G C
る かわのーなーがれも かがやいてーいる はじめ
ない きっとーいーつかは かなーうはずだ よ

D
F G7 C F G C F G
のいっぽ あしたにいっぽ きょうから なーにも
Am Dm7 G7 C
E
F G7 C
かもが あたらーしい はじめのいっぽ あした
F G7 C F E7 Am Am/G F G7
にいっぽ ゆうきを もっておおきく いっぽあるきだ
うまれか わっておおきく いっぽあるきだ
C A♭ G7 C F G7 C
1.
2.
せ
せ

入園のうた

ともだちになるために

新沢としひこ　作詞
中川ひろたか　作曲

G F C F C Dm7
で であ ったたく さんの きみとき みときみと きみときみと
G7 C G F C F
きみときみと これから であう たく さんの きみとき
C Dm7/G G7 C F G7
1.
みときみと きみと ともだ ち
C
2.
Dm7 G7 F/C C
ち

入園のうた

ソレ！はくしゅ

井手　隆夫　作詞
福田和禾子　作曲

C　C♯dim　G7　C
と も だ ち で き た ら　ソ レ は く　し ゅ
け ん か を し た あ と　ソ レ は く　し ゅ
な き た く な っ た ら　ソ レ は く　し ゅ
い い こ と あ っ た ら　ソ レ は く　し ゅ
G7　C　G
よ ろ し く な か よ く　ソ レ は く し ゅ　チャチャチャチャチャチャチャ　チャチャチャチャチャチャチャチャ
な か な お り し よ う　ソ レ は く し ゅ　(はくしゅ)
が ん ば れ ゆ け ゆ け　ソ レ は く し ゅ
よ か っ た いい ぞ いい ぞ　ソ レ は く し ゅ
C　G7　G　C
1.2.3.
4
「オウ！」
チャ チャ チャ　チャ チャ チャ
(はくしゅ)
G7　C
チャ チャ チャ チャ チャ チャ チャ　チャ

入園のうた

せんせいとおともだち

吉岡　治　作詞
越部信義　作曲

♩=112くらい
A
C F G Am G
B
C G7 C
せん せい と おともだち せん せい と おともだち
C
C C7 F G7 C
あ くしゅ を し よ う ギュ ギュ ギュ
あ い さ つ し よ う お は よう
に らめっ こ し よ う メッ メッ メッ
F Fm G Dm7 G7 C
1.2.
3.

入園のうた

ハッピーチルドレン

新沢としひこ　作詞
中川ひろたか　作曲

A
C Dm G7
B
C Dm
それはふしぎな
それはふしぎな
G7 C Am Dm G7 C
まほうのちから　ぼくとはなすと　しあわせになる
まほうのちから　わたしをみると　しあわせになる
C Dm G7 C Am Dm
だれでもいいさ　みみをかしなよ　ほっぺゆるんで
ちょっとみててよ　じょうずにスキップ　きっといっしょに
G7 C
C
C Dm G7 C
わらいたくなるハッ　ピー　ハッピー　ハッピーチルドレンハッ
おどりたくなるハッ　ピー　ハッピー　ハッピーチルドレンハッ
ピー　ハッピー　ハッピーチルドレンハッ

C Dm G7 G C D C Dm
ピー チ ル ド レン おこりんぼは どこハッ ピー ハッ ピー
ピー チ ル ド レン いばりんぼは どこハッ ピー ハッ ピー
ピー チ ル ド レン ぼくらをみて ごらんハッ ピー ハッ ピー
G7 C to⊕ C Dm G7 G7 C 1.
ハッ ピー チ ル ド レン ハッ ピー チ ル ド レン さみしがりは だれ
ハッ ピー チ ル ド レン ハッ ピー チ ル ド レン へそまがりは
ハッ ピー チ ル ド レン ハッ
D.C.
G7 C 2. ⊕Coda C Dm G7 G7 C C6
だれハッ ピー チ ル ド レン けんかは おしまい
D.S.
8va

入園のうた

きみたち今日から友だちだ

中川ひろたか　作詞・作曲

A
F C D7 G
B
C Dm G7 C
ははは　で　はーじめまして　こんこんこん　で　こーんーにちは
ハハハ　って　わらってごらん　わいわいわい　って　さけんでごらん
ははは　で　はーじめまして　こんこんこん　で　こーんーにちは
C C7 F C G7 C
to
やぁ　やぁ　やぁ　で　あくしゅをしよう　きみたちきょうから　ともだちだ
びゅん　びゅん　びゅん　って　はしってごらん　きみたちきょうから　ともだちだ
やぁ　やぁ　やぁ　で　あくしゅをしよう　きみたちきょうから　ともだちだ
C
F B7 C A7 Dm G7 C C7
わたしたちは　せんぱいですが　ぜったいやくそく　いじめない
わたしたちは　せんぱいですが　ぜったいやさしい　うそじゃない

F B7 C A7 D7 G7 G7
1.
2.
こわがらなくって いいんだよ おおきなこえで わらってごらん たすけてあげる
おーもちゃだってー かしたげる いじめられたら
D.S.

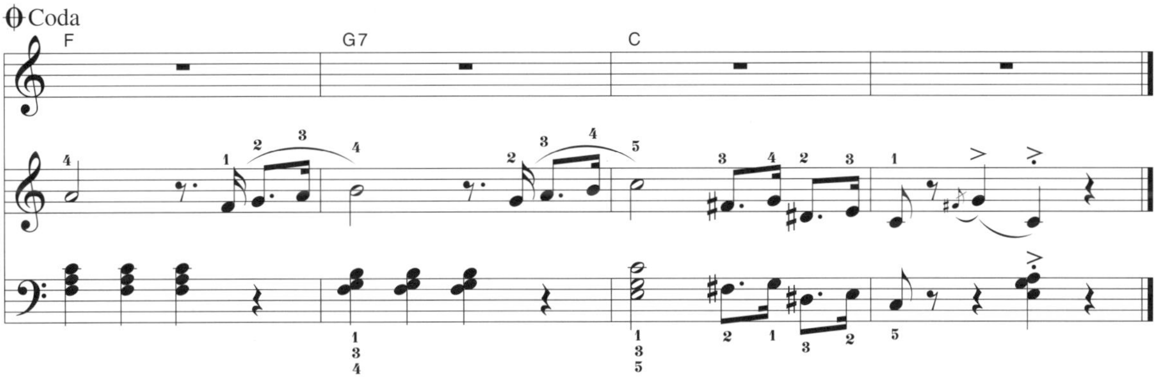
Coda
F G7 C

入園のうた

おひさまになりたい

新沢としひこ　作詞
中川ひろたか　作曲

♩=120くらい ♫ = ♪.♬ (swing)
A
C G F Fm G7
B
C Em7 F G7
だ れ か を ー す き に な る と ー
だ れ か を ー す き に な る と ー
C Em7 F G7
こ こ ろ が ー あ た た か く な る ー む
こ こ ろ が ー や わ ら か く な る ー う
C
F C Dm C C7
ね ー の な か ー に お ひ ー さ ま が ー で
ま ー れ た て ー の く さ の よ う に ー

F C D7 G
きーたようーに あたたかく なるー
やーさーしーく やわらかく なるー
D
C G Am C
スキスキ ダイスーキ スキスキ ダイスーキ
スキスキ ダイスーキ スキスキ ダイスーキ
F Fm G7
たくさん たくさん すきになって おひさまになりたい
たくさん たくさん すきになって かぜにゆれていたい
C G7 C C G7 C
1. 2.

友だちはいいもんだ

岩谷　時子　作詞
三木たかし　作曲

A
G　E7　Am7　D7　G
と も
と も
B
G　D7　G　Em　F♯7　Bm　E7
だ ち は い い も ん だ　め と め で も の が い え る ん だ　こ ま っ
だ ち は い い も ん だ　い い た い こ と が い え る ん だ　か な し
Am　D7　G　A7　D7
た と き は ち か ら を か そ う え ん りょ は い ら な い　い つ
い と き は は げ ま し あ お う こ こ ろ は ひ と つ さ　お と
C
G　G+5　C　Cm
で も ー ど こ で も ー き み を み て る よ　あ い
な に ー な っ て も ー わ す れ は し な い　ゆ め

G E7 Am D7 G G+5 C D7
を　こころに一　きみとあるこう一
を　だいじに一　きみとすすもう一
D
G Am7 D7 G
みんなはひとりのために　ひとりはみんなのために
E7 Am G D7 G
みんなはひとりのために　ひとりのために
G E7 Am7 D7 G
rit.............

たんじょうび

清水俊夫　作詞
小沼裕子　作曲

A
D
D7
G
Ddim7
A7
D
B
D
A7
D
たんじょうびは　うれしいな　たんじょうびは　たのしいな
D
D7
G
Ddim7
A7
たんじょうびは　だいすきさ　おおきくなるから
A7
D
だいすきさ
C
G
D
A7
D

たんじょうかいのうた

まどみちお　作詞
金光威和雄　作曲

♩=90
F
Gm7 C7 F
F
Gm
こんげつうまれは　だれかしら
こんげつうまれに　てをたたこう
C
F
C7
F
Dm
B♭
にこにこしてくる　すぐわかるあの　わらいんぼこの　わらいんぼ
いいものあげよう　もっとわらえあの　わらいんぼこの　わらいんぼ
Gm
F
C7
F
おめでとう　おめでとう
おめでとう　おめでとう

みんなでたんじょうび

伊藤アキラ　作詞
小林　亜星　作曲

A
B
きょうは ぼくの たんじょうび みんなで あつまって
きょうは わたしの たんじょうび みんなで あつまって
きょうは ラララ たんじょうび みんなで あつまって
いっしょにおめでとう いくつ いくつ いくつになったの
ケーキでパーティー いくつ いくつ いくつになったの
ちっちゃなプレゼント いくつ いくつ いくつになったの
またひとつ おおきくなった
またひとつ なかよくなった
またひとつ すてきになった

C
(3番拍手)
G C D C G
とし のかずだけ てをたたこう
とし のかずだけ てをたたこう
とし のかずだけ てをたたこう
(1.2.番拍手)
おめでとう みんなでいっしょに
おめでとう みんなでいっしょに
おめでとう まだまだたりない
(3番拍手)
C D C G C A7 D7
1.2.
てをたたこう
てをたたこう
てをたたこう
(1.2.番拍手)
よかったね
よかったね
C G C G C D+5 G
3.
よかったね
rit
a tempo
rit

ハッピー・フレンズ

二本松はじめ　作詞・作曲

A
C
Dm
G7
C
B
C
Dm
G7
C
きょうはうれしい　たんじょうび　みんなでみんなで　いわおうよ
C
Dm
G7
C
G7
きょうはうれしい　たんじょうび　○○がうまれだ　よ　ハッ
みんなでいわおう　よ
C
C
F
G
C
ピー　（ハッピー）　ハッピー　（ハッピー）　ハッピー　バースデー　ハッ

C F G7
ピー （ハッ ピー） ハッ ピー （ハッ ピー） ハッ ピー バー ス デ
C G7 C
ー

おたんじょうび
おめでとう!

① きょうはうれしい

まず輪になろう。
手をつなぎ 4 歩前進（中心へ）。

② たんじょうび

4 歩後退する。

③ みんなで みんなで いわおうよ

手をはなして、となりの人と肩を組み、
右･左とゆれよう。

④ きょうはうれしい

手をつなぎ 4 歩前進（中心へ）。

⑤ たんじょうび

4 歩後退する。

⑥ ○○がつうまれだ

○○月生まれの人だけ、円の中心へ 4 歩前進。

⑦ よ

4歩後退し、他のみんなは手拍子。

⑧ ハッピー ハッピー
ハッピー バースデー

お誕生日の人は、
他のみんなの手をたたきながら、

⑨ ハッピー ハッピー

その間、手拍子で待つ。

⑩ ハッピー バースデー

最後はみんなで拍手しよう!!

たんじょうび

与田準一　作詞
酒田富治　作曲

Moderato
C
G7
C
たん たん たん たん た ん じょ う び
F C F G7 C
あ た し の あ た し の た ん じょ う び らん
み ん な が わ た し に お め で と う らん
ほ ん と に う れ し い た ん じょ う び らん

うんどうかい

三越左千夫　作詞
木原　靖　　作曲

C　C♯dim7　G7　C
まって　たまって　た
まって　たまって　た
F　C　C♯dim7　G7
うん　どう　かい　ワー　イ　ワー　イ　あ　か　ぐ　み　だ
うん　どう　かい　ワー　イ　ワー　イ　し　ろ　ぐ　み　だ
C　C7　F　D♯dim　C　Dm7　C
つ　な　ひ　き　だっ　て　ま　け　な　い　ぞ　ふれ　ふれ　ふれ　ふれ　ふれ　ふれ
か　け　っ　こ　だっ　て　ま　け　な　い　ぞ　ふれ　ふれ　ふれ　ふれ　ふれ　ふれ

燃えろ!運動会!!

福尾　野歩　作詞
才谷梅太郎　作曲

C　C+5　Dm　G7
C　A　C　Dm7
もえるいろは　アカ　ゆき
ぼうしゃは　アカ　きゅう
G　C　C+5
のいろは　シロ　ゆうやけぞら
きゅうしゃは　シロ　トマトのいろ
F　G7　C　C7
アカ　たかいくもは　シロ
アカ　ソフトクリーム　シロ

B
F G7 C Am F G7
ア カ ぐ み つ よ い ゾ エイ エイ オー シ ロ ぐ み つ よ い ゾ
ア カ ぐ み ま け る ナ エイ エイ オー シ ロ ぐ み ま け る ナ
C C7 F G7 C Am
エイ エイ オー ど っ ち も つ よ い ゾ エイ エイ オー
エイ エイ オー ど っ ち も ま け る ナ エイ エイ オー
F G7
1. 2.
エイ エイ オー しょ う
エイ エイ オー

大地をけって

横堀　妙子
横田　玲子
二本松はじめ　作詞
二本松はじめ　作曲

マーチのテンポで
A
B♭ F C7
B
F B♭ F G7
はだしでー かけっこー いいきもち
とびばこー たけうま さかあがり
ころんでもー へいきー なかないよ
ララララー ラララー ラララララ
C7 F B♭
ー おひさまと いっしょにー
ー がんばれの せいえん
ー とうさーん かあさん
ー ラララララ ララララー
F C7 F F7
C
B♭
エイ エイ オー きょうー はー
うれしいね きょうー はー
みていてね みんなのー
ララララ ラ みんなのー

F C7 F7 B♭
みんなのー うんどう かい たかくー
みんなのー うんどう かいい たかくー
まってたー うんどう かいい だいちをー
まってたー うんどう かい だいちをー
F C7 F F
1.2.4. 3.
みんなでー ホップ ステップ ジャンプ！
みんなでー ホップ ステップ ジャンプ！
けってー ヨ ーイ ドン！
けってー ヨ ーイ ドン！
Fine
D.C. al Fine

運動会のうた

ぼくら太陽の子

佐々木洋子　作詞・作曲

C F G7
A
C F C
はしってごらんよかぜをーきって
つないだそのてをひろげてーごらんよ
うたってごらんよおおきなーこえで
Dm7 D7 G7
ひろいだいーちがおおきくゆれるんだみん
おおきなあおぞらがすっぽりはいるんだみん
こころとこーころひとつにーなるんだみん
B
C Em F G
なでーいればくやしいーこともあるけれどみん
ななでーいればときにはけんかもするけれどみん
なでーいればたのしいーこともふえるんだみん

Am Em F B♭
なの ーなかで なみだも ーでるけど
なの ーなかで なみだも ーでるけど
なの ーなかで やさしさ ーそだつんだ
G7
ー
ー
ー
C
Am7 Em7 Dm7 G7
ぼくーらはたいようーのこ おひさーまのこ
C F A7 Dm7 G7
ー みんーなでてをつなーげば なんでもーでき
C F G7
1.2.
るー
C
3.
C E7
るー

D
Am Em Dm7 F/G G7
ぼ く ー ら は た い よ う ー の こ お ひ さ ー ま の こ ー
Am7 F Dm7 G7
み ん ー な で て を つ な ー げ ば なん で も ー ー で き
C F C
る

はしるのだいすき

まどみちお　作詞
佐藤　真　　作曲

活発に
B♭
F7
B♭
はしるのだいすき　タッタタッタタ
はしるのだいすき　タッタタッタタ
F7
B♭
E♭
つち　をけって　くさ　をけって　かぜ　をけって
あし　もはしる　むね　もはしる　かお　もはしる
B♭
F7
B♭
B♭
1.
2.
タッタタッタタッタタッタ　おもしろい　い
タッタタッタタッタタッタ　おもしろ

運動会のうた

パレード

新沢としひこ　作詞
中川ひろたか　作曲

行進しているようにしっかりと
Am7 D Gmaj7 Cmaj7 Am7 D7 G
A
G Gdim7 G Am
あさいち ばんにー ラッパが なったらー
ぼくらの まちにー ぼくらの あしでー
C A7 D7 G
ひろばに あつまれー きょうは パレードー
さあくり だそうー きょうは パレードー
G Gdim7 G Am7
ドラムを たたけー シンバル ならせー
ぼくらの ゆめがー ぼくらの うたがー

C A7 D7 G7
み ん な う た お う ー お お き な こ え で
そ ら に ひ ろ が る ー お お き な そ ら に
B
C G D7 G
パ パ パ パ パ レー ド ー ど ど ど ど ど こ ま で も
C G
to Coda
A7 D7 G
1.
パ パ パ パ パ レー ド ー あ し た は つ づ い て る
A7
2.
D7
C
Am7 D7 Gmaj7 Cmaj7
あ し た は つ づ い て る だ れ だ っ て こ こ ろ に す ば

（指づかいは面倒のようでも、なめらかなフレーズへの大切な道案内です。どうぞ大切にしてください。）

あっ！というまにクリスマス

新沢としひこ　作詞
中川ひろたか　作曲

A
𝅗𝅥=100くらい
C　A7　Dm　G7
ク リ
B
C　C　F♯7
ス マ ス の　じゅ ん び を し な　く ち ゃ　た い　へ ん た い へ ん　じゅ ん び を し な く
ス マ ス の　じゅ ん び を し な　く ち ゃ　た い　へ ん た い へ ん　じゅ ん び を し な く
G7　C　A7
ち ゃ　ク リ　ス マ ス ま　で も う あ　と な ん に　ち　あ わ
ち ゃ　サ ン　タ ク ロ ー　ス が や っ　て く る の　に　あ わ
D　G7　C　C
て　て　し な い と　ま に あ わ　な い　か あ　さ ん　と　き　た ら
て　て　し な い と　ま に あ わ　な い　う た　も　お　ぼ　え て い
は　ふ　ら　な　い

C G D
ケーきをこがーす し と う さん と き た ら ツリーをたおーす し ど ら ね こ と
おどりもおぼーえ て ま い ば ん かかさず おいのりもーしー て か な ら ずー
ほしもふらーなー い う ち に は だんろ も えんとつもーなー い く つ し たー
D G D G C
き た ら シーツをやぶーく し ね ず み と き た ら チーズをかじーる し
いち ばん すてきなプレゼン ト だ れ よ り たくさん もらえーますよう に
さ げる ベッドもなかっー た こりゃ ま た こまっ た どうーしーよー う
C D F F♯dim7 Cmaj7 A7 Dm G7 to Coda
もたもた してたら ぐずぐず してたら あっというまに クリスマ
C G7 C Coda C
1. 2.
ス ー ク リ ス ー ゆ き ス ー
D.S.

あわてんぼうのサンタクロース

吉岡　治　作詞
小林亜星　作曲

A
F C7 F B♭
F C7 F
あ わ
B
F B♭ F
て ん ぼ う の サ ン タ ク ロ ー ス ク リ
て ん ぼ う の サ ン タ ク ロ ー ス え ん
て ん ぼ う の サ ン タ ク ロ ー ス し か
て ん ぼ う の サ ン タ ク ロ ー ス も い
て ん ぼ う の サ ン タ ク ロ ー ス ゆ か
F D7 G7 C7
ス マ ス ま え に や っ て き た い そ
と つ の ぞ い て お っ こ っ ち た あ い
た ち が な い か ら お ど っ た よ た の
ち ど く る よ と か え っ て く さ よ
い な お ひ げ の お じ い さ ん リン リン

C
F F7 B♭ Bdim7
い で リン リン リン い そ い で リン リン リン な ら
た た ドン ドン ドン あ い た た ドン ドン ドン ま っ
し く チャラ チャン チャン た の し く チャラ チャン チャン み ん
な ら シャラ ラン ラン さ よ な ら シャラ ラン ラン タン ブ
リ ン チャ チャ チャ ドン ドン ド ン シャラ ラン ラン わ す
F C7 F B♭
し て お く れ よ か ね を ー リン リン
く ろ く ろ け の お か お ー ドン ドン
な も お ど ろ よ ぼ く と ー チャ チャ
リ ン な ら し て き え た ー シャラ ラン
れ ちゃ だ め だ よ お も ちゃ ー シャラ ラン
D
F C7 F
1.2.3.4.
リン リン リン リン リン リン リン ー あ わ
ドン ドン ドン ドン ドン ドン ドン ー あ わ
チャン チャラ チャン チャン チャ チャ チャン ー あ わ
ラン シャラ ラン ラン シャラ ラン ラン ー あ わ
リン チャ チャ チャ ドン シャラ ラン
F B♭
5.
ー
F E7 C7 F

ヤッター！サンタがやってくる

中川ひろたか　作詞・作曲

C Am Dm G7 C G7
C G7 C
サン タ ク ロー スィズ カ ミン （カ ミン） サン タ ク ロー スィズ カ ミン （カ ミン）
C C7 F Dm C G C
ぼ く ら の （ほ い く） え ん に サン タ が やっ て く る （きた） ヤッ
お み や げ いっ ぱい か つ い で
G7 C G7
ター！ （ヤッター！） ラ ラ ラン （ラララン） ヤッ ター！ （ヤッター！） キャッ

C C7 F C Am Dm7 G7
ホー！（キャッホー！）ほんとにサンタがくるなんて ウソーッ ゆめみた
C C
い

うさぎ野原のクリスマス

新沢としひこ　作詞
中川ひろたか　作曲

やさしくはずんで
A
C　G+5　C
う さ ぎ の は ら の
う さ ぎ の は ら の
Dm7　A7　Dm7　G7　Gdim　G7　C　Cdim　C7
こ う さ ぎ た ち は そ ら に か が や く ほ し を み な が ら
こ う さ ぎ た ち は パ パ と マ マ に は き こ え ぬ よ う に
F　C+5　F♯dim　C　D♯dim　A7　D7
サン タ ク ロ ー ス に お い の り し て る よ お み み を つ つ む
サン タ ク ロ ー ス に お い の り し て る よ ひ と ふ ゆ ぶ ん の
G7　C　B　C　F　G7　C
ぼ う し を く だ さい ラ ラ ラ ほ し は キ ラ キ ラ ー と お く キ ラ キ ラ ー
に ん じ ん く だ さい
a tempo

C F B Em F/G G7 C
ま ど の む こ う か ら ウ イ ン ク し て る き っ と ね が い が
a tempo
C B B♭ A7 D7 G7 to
か な い そ ー う な う さ ぎ の は ら の ク リ ス マ
C G+5 C G7 C D♯dim G7
ス
D.S.
Coda
C
ス

サンタクロースはどこだ

新沢としひこ　作詞
中川ひろたか　作曲

サンタクロースが　やってきた　はずさ　トナカイのそりで
まっかなふくを　きている　はずさ　しーろいひーげが
やってきた　はずさ　たしかにすずのねが
はえてる　はずさ　プレゼントをつめた
きこえて　きた　きっとすぐ　そこに　かくれてる　はず
おおきなふくろ　かついで　くるぞ　みんなでさがー

C7
さ
せ
C
F
B♭
サンタクロースはどこだ
F
F
F
Gm
C7
サンタクロースはどこだ
まちくたびれて
ぼくらはもう
to Coda
F
Coda
くびがこんなにのびちゃった
た
た
D.S.

しずかなクリスマス

新沢としひこ　作詞
中川ひろたか　作曲

やさしく静かに

ひ つ
A
じ か い は ひ つ じ と ね む る し ず か な ク リ ス マ ス く つ
チ う り は は だ し で ね む る し ず か な ク リ ス マ ス に ん
み が き は こ い ぬ と ね む る し ず か な ク リ ス マ ス
ぎょ ひ め は あ ぶ く に と け る し ず か な ク リ ス マ ス
B
ひゃ く ねん む か し か ら ー ひゃ く ねん み ら い ま で
ひゃ く の も の がた り が ー ひゃ く ねん く り か え す

F G Em7 Am7 F D7 G
せんねんむかしからー せんねんみらいまで とお
せんのものがたりがー せんねんくりかえす とお
F F♯dim7 C A7 Dm7 G7 C
1.
いそらにほしがまたたく しずかなクリスマス
いまどにあかりがともる しずかなクリスマ
Dm7 G7 C C
2.
Fm G7 C
マッス

あそびのうた

ごんべえさんのあかちゃん

作詞者　不明
アメリカ民謡

E♭ F7 B♭ E♭ B♭ B♭
ごんべえさんのあかちゃんが かぜひいた
E♭ B♭
ごんべえさんのあかちゃんが かぜひいた
ごんべえさんのあかちゃんが
B♭ Cm7 F7 B♭ E♭ B♭
かぜひいた そこであわててシップした

① ごんべさんの

★両手でほおかむりをする仕草をする。

② あかちゃんが

★左向きで赤ちゃんを抱く仕草をする。

③ かぜひいた

★セキを 3 回だす仕草。

④ ごんべさんの

★両手でほおかむりをする仕草をする。

⑤ あかちゃんが

★左向きで赤ちゃんを抱く仕草をする。

⑥ かぜひいた

★セキを 3 回だす仕草。

⑦ ごんべさんの

★両手でほおかむりをする仕草をする。

⑧ あかちゃんが

★左向きで赤ちゃんを抱く仕草をする。

⑨ かぜひいた

★セキを 3 回だす仕草。

⑩ そこであわてて

★手拍子 4 回

⑪ しっぷし

★左手を肩に

⑫ た

★右手も左肩にのせよう。

あそびのうた

とんとんとんとんひげじいさん

作詞者不詳
玉山英光　作曲

D
とん　とん　とん　とん　ひ　げ　じ　い　さん
A7
とん　とん　とん　とん　こ　ぶ　じ　い　さん
D
とん　とん　とん　とん　て　ん　ぐ　さ　ん
A7
とん　とん　とん　とん　め　が　ね　さ　ん
D
とん　とん　とん　とん
D♯dim7
て　を　う　え　に
Em7
きら　きら
A7
きら　きら
G
て　は　し　た
D
に
（お　ひ　ざ）
E♭
Dmaj7

（最後の小節は手をひざにおいて、息を全部はき出して落ち着く時間です。）

① とんとんとんとん

両手をにぎりこぶしにして、上下に打ち合わせる。右手と左手を上下に入れかえながら打つこともできる。

② ひげじいさん

あごの下に両手のにぎりこぶしをかさねる。

③ とんとんとんとん

両手をにぎりこぶしにして、上下に打ち合わせる。右手と左手を上下に入れかえながら打つこともできる。

④ こぶじいさん

ほっぺたににぎりこぶしをつける。

⑤ とんとんとんとん

両手をにぎりこぶしにして、上下に打ち合わせる。右手と左手を上下に入れかえながら打つこともできる。

⑥ てんぐさん

鼻の頭の上にこぶしをかさねる。

⑦ とんとんとんとん

両手をにぎりこぶしにして、上下に打ち合わせる。右手と左手を上下に入れかえながら打つこともできる。

⑧ めがねさん

両目にこぶしをあてる。

⑨ とんとんとんとん

両手をにぎりこぶしにして、上下に打ち合わせる。右手と左手を上下に入れかえながら打つこともできる。

⑩ てをうえに

⑪ きらきらきらきら

最後の「きりきらきら～」は、両手をひらいて手首を左右にまわしながら、または手を打ちながら、下へおろす。

⑫ てはしたに

あそびのうた

やきいもグーチーパー

阪田寛夫　作詞
山本直純　作曲

やきいもやきいも
おなかがグー
ほかほかほかほか
あちちのチー
たべたらなくなる
なんにもパー
それやきいもまとめて
グーチーパー
グーチーパー

① やきいも やきいも

両手でやきいもを作る。

② おなかが

両手でおなかをおさえた後、

③ グー

右手（左手、両手）でグーを出す。

④ ほか ほか ほか

両手でやきいもを持っているようにして、それをフーッと吹く。

⑤ あちちの

あわてて両手をはらい、熱いときの動作をして、

⑥ チー

チョキを出す。

⑦ たべたら

食べる動作をする。

⑧ なくなる

「もうない」という動作をして、

⑨ なんにもパー

パーを出す。

⑩ それ やきいもまとめて

拍打ちを4回する。

⑪ グー チー パー

両手で、「グー・チョキ・パー」を出す。

あそびのうた

かもつれっしゃ

山川啓介　作詞
若松正司　作曲

E♭
Fm7
か も つ れっ しゃ シュ シュ シュ
か も つ れっ しゃ シュ シュ シュ
B♭7
E♭
E♭7
A♭
い そ げ い そ げ シュ シュ シュ こん ど の え き で シュ シュ シュ
い そ げ い そ げ シュ シュ シュ そっ ち へ ゆ く ぞ シュ シュ シュ
B♭7
E♭
つ も う よ に も つ ガチャン ジャン ケン ポン （どんどん列をつくる）
ゆ ず れ よ せ ん ろ
Fine

（一番最後Fineで終わるときは、左手がオクターブを弾いてもよい。）

① かもつれっしゃ　シュシュシュ　いそげいそげ　シュシュシュ
こんどのえきで　シュシュシュ　つもうよ　にもつ

まず、１番を歌いながら自由に動き回ろう。
人数が多い方が楽しいよ。

② ガチャン

ガチャン
ガチャン
「ガチャン」でつながった人と
ジャンケンをして……
列車の
先頭の子が、
一番後ろの子を
追いかけるように
なったら
ゲーム終了だよ！

勝った人の後ろに連結していく。どんどんつながろう。

五人家族

中山　千夏　作詞
宇野誠一郎　作曲

E♭ D7 E♭ A♭ B♭7 E♭
A
E♭ D7 E♭ D7 E♭ B♭7 E♭7 A♭
とうさんとね　かあさんとね　にいさんとねえさんと　あかちゃんがね
E♭ B♭7 E♭
B
A♭ C7
みんなおねんね　ぐうぐう　ー　ぐう　ー　かあ　さんとにい　さんが
F B♭7 E♭ D7 E♭
おきてきて　ね　はさみを　みつけた

A♭ B♭7 E♭ C E♭ D7 E♭ D7
チョキ チョキ チョキ あん ーまり おと ーーが
E♭ B♭7 E♭7 A♭ E♭ B♭7
で か い の で み ん なおき て き て
B♭13 E♭ A♭/E♭ D7 E♭9
パア パア ー パア ー
(ほのぼぼと)

① とうさんとね

親指を立てる。

② かあさんとね

人さし指も立てる。

③ にいさんと

なか指も立てる。

④ ねえさんと

くすり指も立てる。

⑤ あかちゃんがね

パッとひらく。

⑥ みんなおねんね

親指からにぎっていく。

⑦ ぐーぐーぐー

こぶしを左右にふる。

⑧ かあさんと

人さし指を立てる。

⑨ にいさんが

なか指を立てる。

⑩ おきてきてね
はさみをみつけた

そのまま歩くように動かす。

⑪ チョキ チョキ
チョキ

ハサミのようにチョキチョキ
させよう。

⑫ あんまりおとが
でかいので

上にあげて左右に振ろう。

⑬ みんな おきてきて

指を全部ひらく。

⑭ パア パア パア

両手を振ろう。

チェッ　チェッ　コリ

作詞・作曲者　不詳

※簡単な曲なので、調を変えて歌ってみてもおもしろいかもしれません。
※６小節目のリズムの練習をていねいに。

① チェッ

両手をひざに。左にクイッ。

② チェッ

手を肩に。右にクイッ。

③ コリ

おしりを右に左に。

④ チェッ

⑤ コリ

⑥ サ

⑦ リサン

⑧ サ

⑨ マンガン

⑩ サン

⑪ サ

⑫ マンガン

⑬ ホンマン

⑭ チェ チェッ

両手をひざに、おしりをいきおいよく右、左。

あそびのうた

キャベツはキャッ

作詞・作曲者　不明

A
C
キャベツは キャッ キャッ キャッ キュウリは キュッ キュッ キュッ トマトは
B
トン トン トン レンコン コン コン コン レタスは パリ パリ パリ
にんじん ニン ニン ニン ピーマン ピッ ピッ ピッ ごぼうは

C
ヒョロ ヒョロ ヒョロ
だいこん ニョッキン ニョッキン
サニー レタスは サーニー
しいたけ ケッケッケッ
グリーンピースは
ピース ピース ピース
かぼちゃは ボッチャンボッチャン
アスパラガスは アッパラパー
たまねぎ エン エン エン
もやしは モジャモジャ

（最後のモジャモジャの長さは、子どもたちの楽しんでいる様子を見ながら工夫してください。）

① キャベツは

両手をグー。

② キャキャキャ

その手をひらいたり、
にぎったりする。

**③ キュウリは
キュキュキュ**

両手を組んで、キュッキュッと
強くにぎる。

**④ トマトは
トントントン**

グーにして、上下に打ち
あわせる。

**⑤ レンコン
コンコンコン**

片手をグーにして、頭を
コンコン打つ。

**⑥ レタスは
パリパリパリ**

両手の平を3回すりあわせる。

**⑦ にんじん
ニンニンニン**

忍者のように。

**⑧ ピーマン
ピッピッピッ**

笛を吹くように。

**⑨ ごぼうは
ヒョロヒョロ**

両手をヒョロッと上へ。

⑩ だいこん ニョッキン ニョッキン

足を手でこする。

⑪ サニーレタスは サーニー

頭を左右にふる。

⑫ しいたけ ケッケッケッ

足で 3 回けっとばす。

⑬ グリーンピースは ピース ピース ピース

指を 2 本立てる。

⑭ かぼちゃは ポッチャン ポッチャン

両手で大きなかぼちゃをつくる。

⑮ アスパラガスは アッパラパー

両手両足を大きく開く。

⑯ たまねぎ エンエンエン

泣く。

⑰ モヤシは

くすぐる手つき。

⑱ モジャモジャ

となりの人を
くすぐっちゃおう。

あそびのうた

グーチョキパーでなにつくろう

斎藤二三子　作詞
外国曲

D　A7　D　D
グー　チョキ　パー　で　グー　チョキ　パー　で
グー　チョキ　パー　で　グー　チョキ　パー　で
グー　チョキ　パー　で　グー　チョキ　パー　で
D
なに　つく　ろう　なに　つく　ろう　りょ　う　て　が　チョキ　で
なに　つく　ろう　なに　つく　ろう　りょ　う　て　が　パー　で
なに　つく　ろう　なに　つく　ろう　み　ぎ　て　が　チョキ　で
D
か　わ　い　い　うさ　ぎ　ピョン　ピョン　ピョン　ピョン　ピョン　ピョン
き　れ　い　な　ちょう　ちょ　ヒラ　ヒラ　ヒラ　ヒラ　ヒラ　ヒラ
ひ　だ　り　て　グー　で　かた　つむ　り　のー　その　そ

① グー

② チョキ

③ パーで

④ グー

⑤ チョキ

⑥ パーで

⑦ なにつくろう

⑧ なにつくろう

⑨ りょうてが
チョキで

⑩ かわいいうさぎ

⑪ ピョン ピョン
ピョン

⑫ ピョン ピョン
ピョン

⑬ グー

⑭ チョキ

⑮ パーで

⑯ グー

⑰ チョキ

⑱ パーで

⑲ なにつくろう

⑳ なにつくろう

㉑ りょうてが
パーで

㉒ きれいな
ちょうちょ

㉓ ヒラ ヒラ
ヒラ

㉔ ヒラ ヒラ
ヒラ

㉕ グー

㉖ チョキ

㉗ パーで

㉘ グー

㉙ チョキ

㉚ パーで

㉛ なにつくろう

㉜ なにつくろう

㉝ みぎてが
チョキで

㉞ ひだりて
グーで

㉟ かたつむり

㊱ のーそ のそ

ひょっこりひょうたん島

山元護久・井上ひさし　作詞
宇野誠一郎　作曲

G F G F D C A
A
D C D C D F D F
なみをチャプチャプ　チャプチャプかきわけて　（チャプ）　（チャプ）　（チャプ）
D C D C D F D F
くもをスイスイ　スイスイおいぬいて　（スイ）　（スイ）　（スイ）
G F G F G F G F
ひょうたんじまは　どこへゆく　ぼくらをのせて　どこーへゆ

G F E7
く ー ー ー ー ー ー ー ー ー
B
Am B♭7 Am D
まるいちきゅうのすいへいせんに
Am B♭7 G C E7
なにかがきっとまっているー
Am Dm
くるしいこともあるだろさ かなしいこともあるだろさ

G E7 A
だ け ど ぼ く ら は　く じ け な い　な　一 く の は い や だ　わ ら っ　ち ゃ お す す
C
D Am7 D C A G A G
め　一　ひ ょ っ　こ　り ひ ょ う　た ん　じ　ま
A G A G A G A G
ひ ょ っ　こ　り ひ ょ う　た ん　じ　ま　ひ ょ っ　こ　り ひ ょ う　た ん　じ
A G A G A
ま　一　一

① なみを チャプチャプ
チャプチャプ
かきわけて

② チャプ チャプ
チャプ

3回くり返す。

③ くもを スイスイ
スイスイ
おいぬいて

クロール

④ スイ スイ スイ

横泳ぎ

⑤ ひょうたんじまは

ひょうたんの形

⑥ どこへいく

⑦ ぼくらを

⑧ のせて

⑨ どこへいく

⑩ まるい
ちきゅうの

⑪ すいへいせんに

⑫ なにかが

⑬ きっと

拍手１回

⑭ まっている

⑮ くるしいことも
あるだろさ

ツルハシを下ろすまね

⑯ かなしいことも
あるだろさ

泣くまね

⑰ だけど
ぼくらは

⑱ くじけない

手を振る

⑲ なくのはいやだ

⑳ わらっちゃおー

㉑ すずめー

片ひざをついて指を指す

㉒ ひょっこり
ひょうたんじま

㉓ ひょっこり
ひょうたんじま

逆の手

㉔ ひょっこり
ひょうたんじ～

㉕ ま～～～

逆の手

あそびのうた

チュンチュンワールド

森　有栖香　作詞
赤坂　東児　作曲

C F E7 Am F G7 C
A
C F/C Dm7 B7 C
チュン チュン チュン チュン ワ ー ル ド チュン チュン チュン チュン ワ ー ル ド
C F D7 C C♯m7-5 G7 C
チュン チュン チュン チュン ワ ー ル ド き た ぞ ほ ら ね そ ら こ こ に い る そ ら
B
C A7 Dm7 Em7 Dm7 G7
を と び ま ち を こ え て やっ て き た ぼ く ら ー
な もん だい ま か せ て く れ やっ て き た な か ま ー

F G/F Em Am
ゆ め と ー き ぼ う を ー む ね に だ い て ー か
あ い と ー ゆ う き の ー ち か ら を あ わ せ ー も
F D7 F/G G
ー ら だ と あ た ま の チュ ー ニ ン グ ー ー
ー え た ら ー サ ン バ ごく ろう サ ン バ ー ー
C
C Dm7 G7 G+5 C
チュン チュン チュン チュン ワ ー ル ド チュン チュン チュン チュン ワ ー ル ド
C Dm7 D7 G7 C
チュン チュン チュン チュン ワ ー ル ド き た ぞ ほ ら ね そ ら こ こ に い る

D
C Dm7 G7 C
チュン チュン チュン チュン ワ ー ル ド チュン チュン チュン チュン ワ ー ル ド
F E7 Am F G to Coda
いち わ で チュン に わ で チュン チュン さ ん ば そ ろ え ば
F/G G7 C Gsus4 G7 Coda F/G G7 C
チュ チュン が チュン ど ん チュ チュン が チュン
D.S.

① チュン チュン

前に

② チュン チュン

横に

③ ワールド

リズムにのって、ぐるぐるまわす。

④ チュン チュン

前に

⑤ チュン チュン

横に

⑥ ワールド

リズムにのって、ぐるぐるまわす。

⑦ チュン チュン

前に

⑧ チュン チュン

横に

⑨ ワールド

リズムにのって、ぐるぐるまわす。

⑩ きたぞ ほらね
そら ここにいる

右、左、交互に４回。

⑪ 空をとび
まちをこえて

ペアになろう。両手を上げて。

⑫ やってきた
ぼくら

右手をあわせて、１回転だヨ。

⑬ ゆめと きぼうを

左手で、逆まわり。

⑭ むねにだいて

⑮ からだと あたまの

リズムにあわせて、体と頭を交互に指す。

⑯ チューニング

その場で１回転。

⑰ チュン チュン

前に

⑱ チュン チュン

横に

⑲ ワールド

リズムにのって、ぐるぐるまわす。

⑳ チュン チュン

前に

㉑ チュン チュン

横に

㉒ ワールド

リズムにのって、ぐるぐるまわす。

㉓ チュン チュン

前に

㉔ チュン チュン

横に

㉕ ワールド

リズムにのって、ぐるぐるまわす。

㉖ きたぞ ほらね そら ここにいる

右、左、交互に４回。

㉗ チュン チュン チュン チュン ワールド

相手の周りをスキップで１周しよう。

㉘ チュン チュン チュン チュン ワールド

交代しようネ。

㉙ いちわで チュン

㉚ にわで チュン

一緒に「チュン」で立つ。

㉛ さんば そろえば

手をつないで、ひざでリズムをとる。

㉜ チュ チュンが

しゃがんで手をぐるぐるまわそう。

㉝ チュン

さんぽ

中川李枝子　作詞
久石　譲　作曲

（Aの右手のリズムをよく練習してください。テックテックと声を出しながら弾くとわかりやすいでしょう。）

G7 F G Em Am
Dm G7 C
A
C G
あ る こう　あ る こう
C G7 F Em
わ た し は　げ ん き　あ る く の ー だ い す き
F G7 C
ど ん ど ん い こ う
B
Fm C
さ か み ち ー　ト ン ネ ル ー
み つ ば ち ー　ぶ ん ぶ ん ー
き つ ね も ー　た ぬ き も ー

Fm C Am Em F
くさっぱらー いっぽんばしにー でこぼ
はなばたけー ひなたにとかげー へびは
でておいでー たんけんしようー はやし
D7 G C C Em
こじゃりみち くものすくぐってー くだ
ひ る ね ばったがとんーでー くまが
のおくまで ともだちたくさんー うれ
F G7 C 1.2. C 3.
りみち な ともだちたくさん
りみち
しい
Em F G7 C Fm C
ー うれしいなー

となりのトトロ

宮崎駿 作詞
久石譲 作曲

(C) トトロ トトロ トトロ トトロ

だれかが こっそり
あめふり バスてい

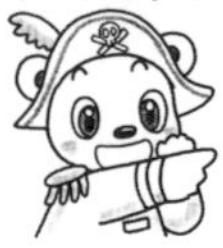

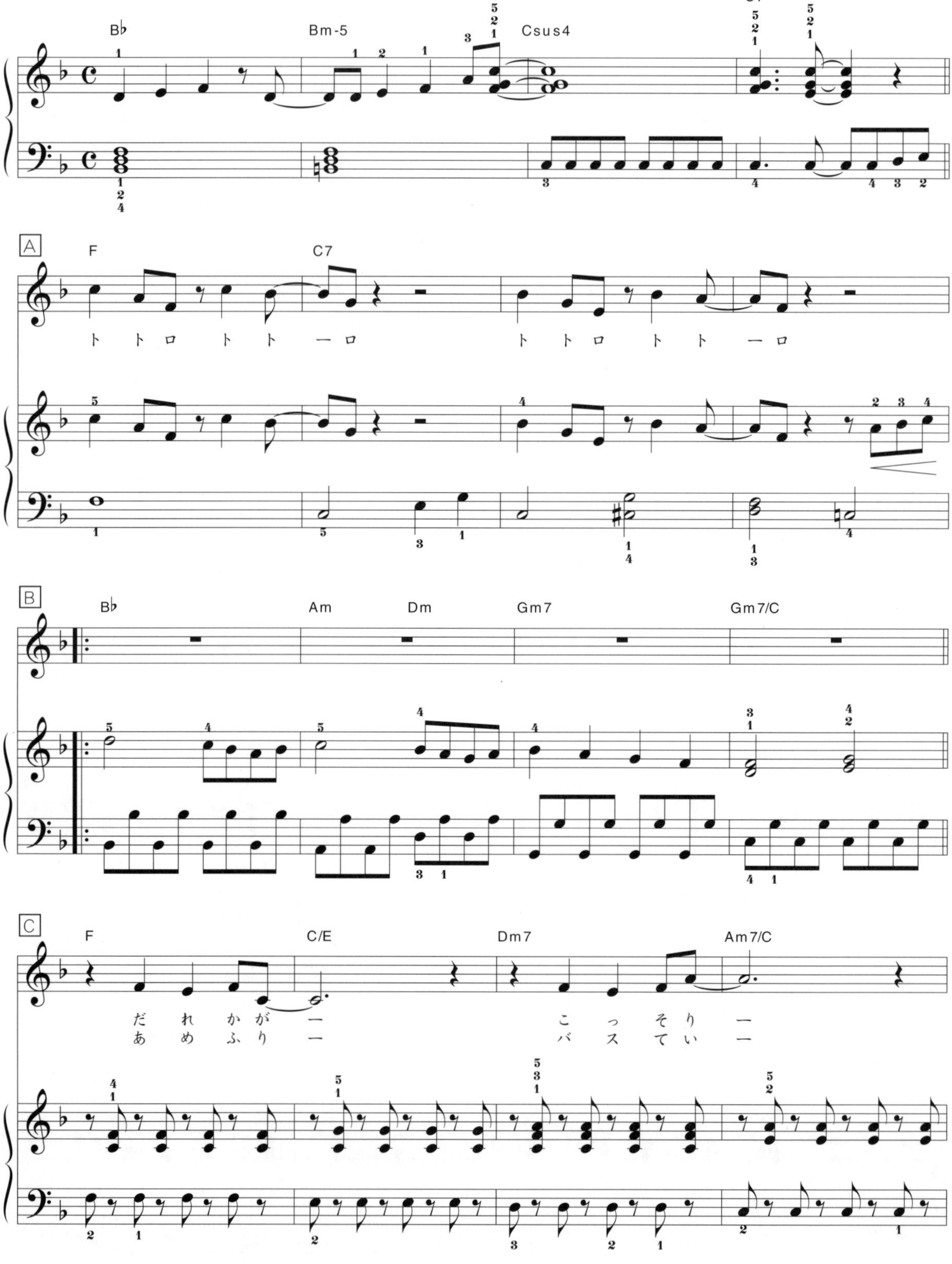

B♭ B♭m Gm7/C B♭/C
こ み ち に こ ー の み う ず め て
ズ ブ ヌ レ オ ー バ ケ が い た ら
D
F C/E Dm Am7-5/C
ち っ さ な め ー は え た ら ー
あ な た の ー あ ま ガ サ ー
Gm7 B♭m F D7
ひ み つ の あ ん ご う ー も り へ の パ ス ポ ー ト ー
さ し て ー あ げ ま し ょ う ー も り へ の パ ス ポ ー ト ー
B♭ Gm7/C
す て き な ぼ ー う け ん は じ ま る ー と な り の
ま ほ う の と ー び ら あ き ま す ー と な り の

E
F C7 C C♯dim Dm
トトロ トトーロ トトロ トトーロ
トトロ トトーロ トトロ トトーロ
トトロ トトーロ トトロ トトーロ
B♭m F/A Dm Gm7 Gm7/C
もりのなかにー むかしからすんでるー となりの
つきよのばんにー オカリナふーいてるー となりの
もりのなかにー むかしからすんでるー となりの
F
F C7 C C♯dim Dm
トトロ トトーロ トトロ トトーロ
トトロ トトーロ トトロ トトーロ
トトロ トトーロ トトロ トトーロ

B♭ C/B♭ Am7 Dm B♭ Csus4
こどものときにだけあなたにおとずれる ー
もしもあえたならすてきなしあわせが ーー
こどものときにだけあなたにおとずれる ー
C7 B♭/C
to ⊕
F
1.
ふしぎなであい ー
あなたにくる
ふしぎなであ
F C
2.
わ
⊕ Coda
F
い
D.S.
トトロトト
C7 C C♯dim Dm C F
ーロ トトロトト ーロ
(くりかえしのみ)

アニメのうた

君をのせて

宮崎駿　作詞
久石譲　作曲

Em D Cmaj7 Bsus4 B7
あ の
A
Em Bm/D C G
ち へ い せ ん か が や く の は ど こ
Am7 Em F#7 B7
か に き み を か く し て い る か ら た く
B
Em Bm/D C G
さ ん の ひ が な つ か し い の は あ

Am7 Em Am7 B7 Em D7
3
のどれーか ひとつに きみがいるから さあ
C
G D/F♯ Em Bm/D
でかけよう ひときれのパン
C D/C G/B Am7 Bsus4
ナイフランプかばんに つめこんで
B7
D
Em Cmaj7 D
ー とうさんが のこした あついおーも
f

G B7 Em Cmaj7 D
い かあ さん が く れ た あ の ま な ー ざ
Em E E Bm/D C
し ち きゅ う は ま わ る き み を か く し
G Am7 Em/G F♯
て か が や く ひ と み き ら め く と も し
B7 F Em Bm/D C
び ち きゅ う は ま わ る き み を の せ

G Am7 Em Am7 B7
て いつかきっと であうー ぼくらをのせ
Em Cmaj7 G
1.
G
て ア アーーーーーア
G Cmaj7 D B7
ー ア アーーーーーア ー とう
Em F G A
2.
H
て
ff

いつも何度でも

覚　和歌子　作詞
木村　弓　作曲

よん でいるむねのど
ならのときのし
でいるむねのど
まりのあさのし
こかおくでいーつもこころおどるゆめをみたい かな
ずかなむねゼロになるからだがみみをすませる いき
こかおくでいーつもなーんどでもゆめをえがこう かな
ずかなまどゼロになるからだみーたされてゆけ うみ
しみはかぞえきれないけれど そのむこうできっとあ
ているふしぎしんでいくふしぎ はなもかぜもまちも
しみのかずをいいつーくすよりおなじくちびるでそ
のかなたにはもうさーがさないか

Gm7 C7 F B F C Dm
なたにあえる くりかえすあやまちのそのた
みんなおなじ ラララララララララララ
っとうたおう とじてゆくおもいでのそのな
Am/C B♭ Gm7 Gm7/C C7 F
びひーとは ただあお いそらの あおさをしる はてしなく
ラララララ ララララ ララララ ラララララ ラ ホホホホホ
かにいつも わすれた くないさ ささやきをきく こなごなに
C Dm Am/C B♭ F/A Gm7 C7
みちはつづ いてみ えーるけれど このりょうて はひかり をいだけ
ホホホホホ ルルル ルルルルルル ルルルルル ルルルル ルルルル
くだかれた かがみ のーうえにも あたらしい けしきが うつされ
F B♭ 4. F/A
る さよ がやくものはい
ル よん
る はじ

B♭ F/A B♭ F/A Gm C7 F
つ も こ こ に わ た し の な ー か に み つ け ら れ た か ら
F C F C Dm
ー ラ ラ ラ ラ ラ ラ ラ ラ ラ ラ ラ ラ
Am B♭ Gm7 Gm7/C C7 F
ラ ラ ラ ラ ラ ラ ラ ラ ラ ラ ラ ラ ラ ラ ラ ラ ラ ラ ホ ホ ホ ホ ホ
C/E Dm Am/C B♭ F/A
ホ ホ ホ ホ ホ ル ル ル ル ル ル ル ル ル ル ル ル ル ル ル ル ル
Gm7/C C7 F
ル ル ル ル ー

またあえる日まで

アドベンチャーキャンプの子どもたち・北川悠仁　作詞
北川悠仁　作曲

G C Am7 D7 G
A
G Bm/F♯ Em Bm C D
あおいそら　しろいくも　ー　ゆうきをもって　ふみだそ　ーう
じぶんをー　しーんじて　ー　いっぽすすめば　なにかつかめ　るさ
G Bm/F♯ Em Bm C D7 G G7
おもいだすと　わらいあえる　ー　たのしいおもー　いで　ー
すこしゆめをおおきくして　ー　きみはひとりじゃない　から　ー
B
C D G D/F♯ Em
だいすきな　ーみんな　ーの　えがお　が　たからもの　ー　つよ
いっしょうに　ーいちど　ーの　たから　ーもーーの　ー　さみ

Am7 A7 C/D G/D Am/D D7
いきずーーなをー ぼくはー わすれないよー ま
しいけーーれどー なみだふ いてー たびだとうー ま
C
G Em
たあえるひまーでー ゆめをわすれずにー か
たあえるひまーでー ながれぼしにねがーったー か
C Am7 D
わらないまーでー ずっといようーよー ま
ざらないこころーでー ずっといようーよー ま
D
G Em
たあえるひまーでー ゆめをかなえようー
たあえるひまーでー かがやくほしにーちかうーよー

C
Am7
D
D
1.
しんじる ことーがー こころを つなーぐー
であえた ことーをー わすれは
D
2.
E
G
Em
しなーいー ま たあえる ひまーでー （またあえる
Em
C
Am7
1.
ひまーでー） またあえる ひまーでー （ま
D7
C
G
2.
たあえる ひまーでー） ま ひまーでー

ハム太郎　とっとこうた

河井リツ子　作詞・作曲

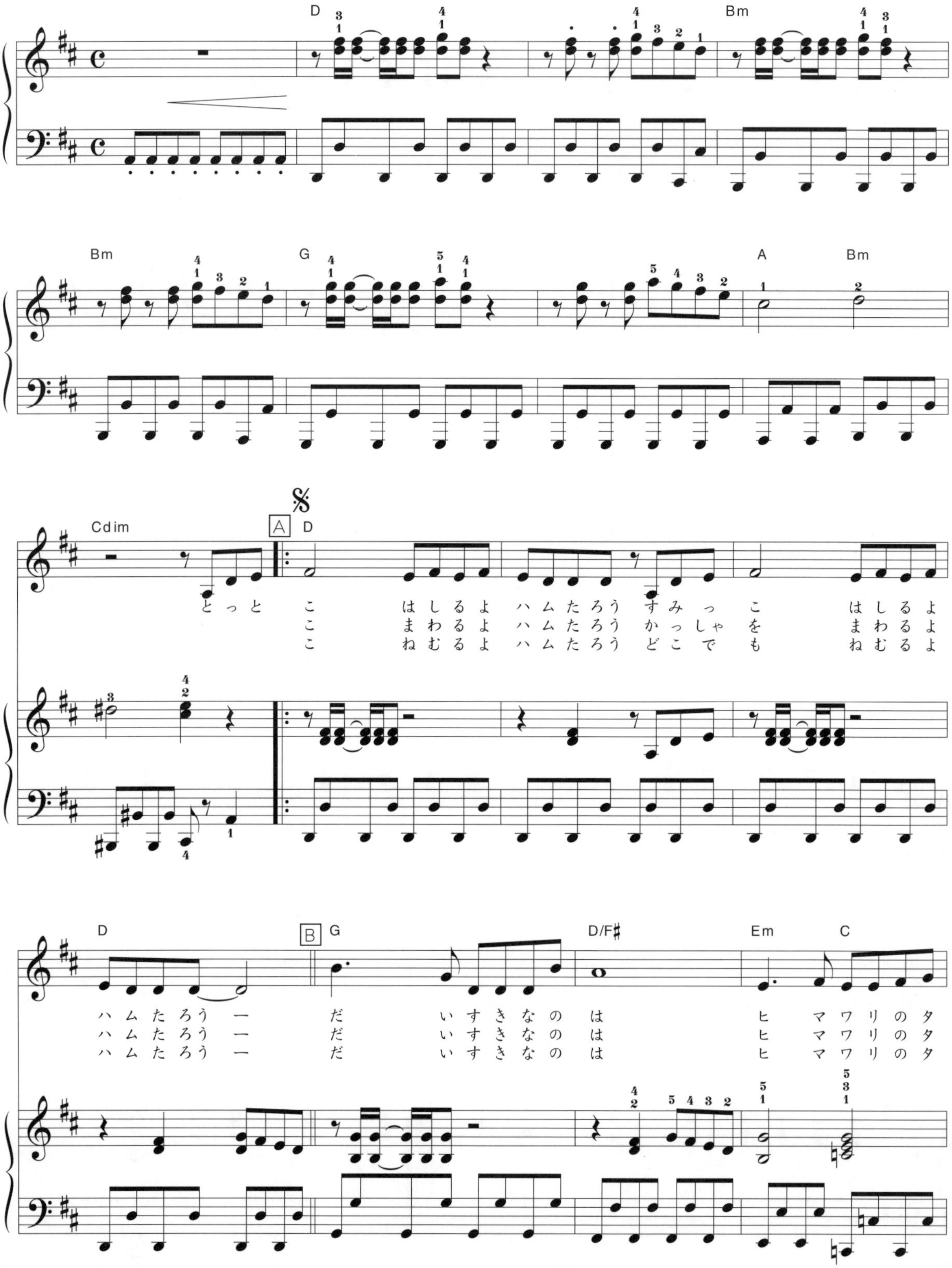
D
Bm
Bm
G
A
Bm
Cdim
A
D
とっと こ はしるよ ハムたろう すみっこ はしるよ
こ まわるよ ハムたろう かっしゃを まわるよ
こ ねむるよ ハムたろう どこでも ねむるよ
D
B
G
D/F♯
Em
C
ハムたろう ー だいすきなのは ヒマワリのタ
ハムたろう ー だだいすきなのは ヒヒママワリリのタ
ハムたろう ー だいすきなのは ヒマワリのタ

to 𝄌 A A/G
A
C D
A
G
1.
ネ やっぱ り はしるよ ハムたろう ー
ネ まわる とり うれしいハムたろう ー
ネ やっぱ り ねむるよ ハムたろう ー
D/F♯ A/E
とっと
A Bm Cdim A7
2.
とっと
D.S.
𝄌Coda
A A/G D/F♯ A/E
D G/D D

てをつなごう

多聞美一　作詞
岩崎元是　作曲

F　B♭　C7/F　F　Dm　Am/C　Csus4　C7
A
F　B♭/F　C7/F　F　Dm　G7/D　Csus4　C7
てをつ　ーなごう　いっしょにわらおう　ー　ともだち　になろう　ー
F
B
F　Gm　C7　F
ハーム！　ウーラーラー！　ぼくのみぎてと　ー　きみのひだりてを　ー
Dm　Gm　C　F
C
F　Gm7　F/A　B♭
つないでみたら　ー　なんだかうれしくなったよ　ー　ぼくのみぎてと　ー　きみのみぎてで　ー

F/C B♭ C F
あくしゅをしたら ー さみしくなくなったよ ー
（ハム太郎さんのみぎてとリボンちゃんのひだりて）
（リボンちゃんのみぎてとマフラーちゃんのひだりて）
（マフラーちゃんのみぎてとちび丸ちゃんのひだりてちび丸ちゃんはみぎてでタイショーさんのみぎてと）
（がっちりあくしゅしてください！）
B♭ F Gm7 G C
いつのまにか ちきゅうをぐるり おっきなわができたよ ウーラーラー！
D
F B♭/F C7 F Dm G7 C F B♭
てをつ ーなごう いっしょにわらおう ー ともだち になろう ー てをつ ーなごう こ
C7 A7 Dm G7 Gm7/C C7 F Gm7/F C F
ころつ ーなごう ぼくらは なかま さ ウー ラー ラー！

アニメのうた

アンパンマンのマーチ

やなせたかし　作詞
三木　たかし　作曲

元気よく　いきいきと（左手の指使いを工夫してください。）

G C C♯dim7 D7
A
G C A7/C♯ D7 G C A7/C♯ D7 G
そうだ　うれしいんだ　いきるよろこび　たとえ　むねのきずが　いたんでも
B
G G/B C G C G A7 D7 G C G C G D7
なんのために　うまれて　なにをして　いきるのか　こたえられない　なんて　そんなのは　いやだ！
なにがきみの　しあわせ　なにをして　よろこぶ　わからないまま　おわる　そんなのは　いやだ！
C
A D B7 Em
いまをいきる　ことで　あついこころ　もえる
わすれないで　ゆめを　こぼさないで　なみだ
ときははやく　すぎる　ひかるほしは　きえる

D7 G A7 D7 D G C
だからきみは いくんだ ほほえんで そうだ うれしいんだ
だからきみは とぶんだ どこまでも そうだ おそれないで
だからきみは いくんだ ほほえんで そうだ うれしいんだ
A7/C♯ D7 G C A7/C♯ D7 G
いきるよろこび たとえ むねのきずが いたんでも
みんなのために あいと ゆうきだけが ともだちさ
いきるよろこび たとえ どんなてきが あいてでも
E G C A7/C♯ D7 G C A7/C♯ D7 to Coda
ああ アンパンマン やさしい きみは いけ! みんなのゆめ まもるた
G 1. G 2. Coda G C G/B C G/B A7 D7 G
め め め
D.S.

勇気100%

松井　五郎　作詞
馬飼野康二　作曲

C F/C Gsus4
A
C Em/B Am Em/G Fmaj7 Em
が っ か り し て め ー そ め そ し て ど う し た ん だい ー た い
ぶ つ か っ た り き ー ず つ い た り す れ ば い い さ ー ハ ー
Dm7 G7 Em Am Dm7 G
よ う み た い に ー わ ら う ー き み は ど こ だ い ー ウォ ー ウ ウォ ウ
ト が も え て い ー る な ら ー こ う か い し な い ー ウォ ー ウ ウォ ウ
B
C Em/B Am Em/G Fmaj7 Em
や り た い こ と やっ ー た も ん が ち せ い しゅ ん な ら ー つ ら
じ っ と し て ちゃ は ー じ ま ら な い こ の と き め き ー き み

Dm7 G7 Em Am Dm Dm/C Bm7-5 E7
い と き は い つ ー だ っ て ー そ ば に い る ー か ら ー ゆ め
と お い か け て ー ゆ け る ー か ぜ が す き ー だ よ ー き の
C
Am Em E7/G♯ Am
は で か く な け りゃ ー つ ま ら な い だ ろ う ー
う と べ な か っ た ー そ ら が あ る な ら ー
Fmaj7 D7 F/G G
む ね を た た い て ぼ う け ん し よ う ー ヘイ！ ヘイ！ そ う さ
い ま あ る チャ ン ス つ か ん で み よ う ー ヘイ！ ヘイ！ そ う さ
D
C G/B Am Em/G
ひゃ く パ ー セ ン ト ゆ ー う き も う が ん ば る し か な ー い さ こ の
ひゃ く パ ー セ ン ト ゆ ー う き さ あ と び こ む し か な ー い さ ま だ
ひゃ く パ ー セ ン ト ゆ ー う き も う が ん ば る し か な ー い さ こ の

F
C/E
Dm7
G7
せかいーじゅうの げんきーだきしめながら ー そうさ
なみだーだけで おわるーときじゃないだろう ー そうさ
せかいーじゅうの げんきーだきしめながら ー そうさ
C
G/B
Am
Em/G
ひゃくパーセントゆーうき もう やりきるしかなーいさ ぼく
ひゃくパーセントゆーうき もう ふりむいちゃいけーないさ ぼく
ひゃくパーセントゆーうき もう やりきるしかなーいさ ぼく
F
C/E
Dm7
Fm
to⊕
たちがーもてる かがやきーえいえんに わすれな
たちはーぼくたち からしくーどこまでも かけてゆ
たちがーもてる かがやきーえいえんに わすれな
C
Gsus4
G
C
Bm7-5
1.
2.
いでねー
くのさー
たと

Am Em/G E7/G♯ Am
え　さみしすぎるー　よるがきたってー
Fmaj7 D7 F/G G7
あたらしいあさ　かならず　くるさー　そうさ
D.S.
Coda
G/C C B♭/C C B♭/C C
いでねー

ヒットソング

世界に一つだけの花

槇原敬之　作詞・作曲

は　なやの　ーみせさき　ーに　な　ら　ーんだ　いろん　ーな　は　な　ーを
こ　まった　ーよう　に　ーわ　らいな　ーがら　ずっと　ーまよって　ーる
み　て　ーいたひ　とそれ　ーぞれこの　ーみは　あ　る　ーけど　どれも　ーみんな　ーき
ひとが　ーいるが　ん　ばってさ　い　ーたは　はなは　ど　れも　き　れ　ーいだか　ーらし
れ　い　ーだねこ　のなか　ーでだれが　ーいち　ばんだな　ーんて　あらそ　ーうこと　ーも
かたな　ーいねや　っ　と　ーみせ　か　ーら　で　て　ーきた　そ　の　ーひとが　ーか

G7/B C7 F/A B♭ C A7/C♯ Dm B♭
し な ー い で バ ケ ツ の ー な か ほ ー こ ら し ー げ に しゃんと ー む ね を ー は
か え て ー い た い ろ と ー り ど り ー の は な た ー ば と う れ ー し そ う ー な
C F C E♭ B♭ E♭
ー っ て ー い る そ れ な ー の に ぼ く ー ら に ん げ ー ん は ど う し ー て こ う も ー く
よ こ ー が お な ま え ー も し ら な ー か っ た け ー れ ど あ の ひ ぼ ー く に え ー が
B♭ C C/B♭ F/A G
ら べ た ー が る ? ひ と り ー ひ と り ち が う の に そ の な ー か で い ち ば ん ー に な り た ー が ー
お を く ー れ た だ れ も き ー づ か な い ー よ う な ば ー しょ で さ い て た ー は な の よ ー う ー
Csus4 C7 D F B♭ C A7/C♯
る そ う さ ー ぼ く ら は せ か い ー に ひ と ー つ だ け ー の は な ー
に そ う さ ー ぼ く ら も

Dm G7/B Csus4 C7 F/A B♭ C A7
ひとり ーひとりち がうた ーねをもつ そのは ーなをさ ーか せるこ ーと だけに
Dm G7/B to⊕ C F ⊕Coda C F E F B♭
いっしょ ーうけんめい ーに なれば ーいい なれば ーいい ちいさ ーいはな ーや
D.C.
C A7/C♯ Dm G7/B Csus4 C F B♭
おおき ーなはな ひとつ ーとして おな じもの ーはないから ナンバ ーーワンに ーな
C A7/C♯ Dm G7/B C F F B♭
らなく ーてもいい もとも ーととくべ つな オンリーワン

C Dm F F B♭ C Dm F B♭
ラ ラ ー ラ ラ ラ ー ラ ラ ラ ー ラ ラ ラ ラ ラ ラ ー ラ ラ ラ ー ラ
C Dm F B♭ C Dm F B♭
ラ ラ ラ ラ ラ ラ ー ラ ラ ラ ー ラ ラ ラ ー ラ ラ ラ ラ ラ ラ ー ラ ラ ラ ー ラ
C B♭add9
ラ ラ ラ ラ ー ラ ラ ラ ー ラ ラ ラ ー ラ ラ ラ ラ
B♭add9 1. 2. B♭add9
ラ ラ ー ラ ラ ラ ー ラ ラ ラ ラ ラ ラ ラ ラ ラ

① 花

両手首をつけて手のひらを上へ向け、花の形をつくる。

② 屋の

指先をつけて屋根の形をつくる。右手は親指と人さし指で輪、左手は手のひらを上へ向けて出し、左右交互に前へ出したり引いたりする。

③ 店さきに

指先を曲げ、お椀をふせたような形の手を胸の前に出す。

④ ならんだ

手のひらを上に向け、左から右へ体の前に半円を描くように移動。

⑤ いろんな

手の向きを交互に変えながら、左から右へ移動。

⑥ 花を

両手首をつけて手のひらを上へ向け、花の形をつくる。

⑦ 見ていた

目の前に、人さし指と中指を前へ向けて出し、ゆっくり左から右へ動かす。

⑧ 人

親指と小指を立て、手首をまわして向きを交互に変えながら、左右へひらいていく。

⑨ それぞれ

左から順に、人さし指で指していく。

⑩ このみは ある

親指と人さし指で首の皮を引っぱる感じで指を閉じながら下へ引く。（＝好き）
あごの下でつけていた親指と人さし指をパッと開きながら下へ引く。（＝嫌い）

⑪ けど

顔の横に、手のひらを前に向けて立ててから、くるりと反転させ、甲を見せる。

⑫ どれも みんな

体の前に大きく、上から下へ向け円を描く。

⑬ きれいだ

手のひらを、こすり合わせるようにして、左右へ引く。

⑭ ね

こめかみを人さし指で触わる。

⑮ このなかで

手のひらを下に向け、体の前に左から右へ大きく半円を描く。

⑯ だれが

人さし指を立て、左右交互に上下させる。

⑰ いちばん

右前に人さし指を立ててから、左胸へつける。

⑱ だなんて

手のひらを、こすり合わせるようにして、左右へ引く。

⑲ あらそうことも

親指を立て、左右交互に前へ押し出す。

⑳ しないで

顔の前で手を左右に振る。

㉑ バケツの

胸の前に両手で輪をつくる。

㉒ なか

左手はそのまま、右手人さし指で輪の中を指す。

㉓ ほこらしげに

親指を立てた手を肩につけ、小さく前後に動かす。

㉔ しゃんと

胸の前で指先をつけ、上下に引く。

㉕ 胸をはっている

ひじを引いて胸をはる仕草。

㉖ それなのに

手のひらを前に向けて、顔の横に
立て、クルリと反転させる。

㉗ ぼくら

自分を指さす。
指先を胸に向けて、左から右へ移動。

㉘ 人間は

親指と小指を立て、手首をまわして
向きを交互に変えながら、左右へひ
らいていく。

㉙ どうして こうも

左手、手のひらを下に向け、胸の前
に出す。その下を通って右人さし指
を立て、左右に振る。

㉚ くらべ

手のひらを上に向け、左右交互
に上下させる。

㉛ たがる？

親指と人さし指で首の皮を引っぱ
る感じで指を閉じながら下へ引く。
（＝好き） 手の甲を前に向けて、顔
の横に立てた手を、前へパタンと倒す。

㉜ ひとり

左手人さし指を右に向けてのばし、
右手人さし指で､その下に｢人｣とい
う字を描く。

㉝ ひとり

左手人さし指を右に向けてのばし、
右手人さし指で､その下に｢人｣とい
う字を描く。

㉞ ちがう

手首をまわして反転させる。

㉟ のに

顔の横に、手のひらを前に向けて
立ててから、くるりと反転させ、
甲を見せる。

㊱ そのなかで

体の前に大きく、上から
下へ向け円を描く。

37 いちばんに

右前に人さし指を立ててから、左胸へつける。

38 なり

胸の前で交差させている手を下げる。

39 たがる

親指と人さし指で首の皮を引っぱる感じで指を閉じながら下へ引く。（＝好き）

手の甲を前に向けて、顔の横に立てた手を、前へパタンと倒す。

40 そうさ

上に向けて、親指と人さし指をトントンと２回付ける。

41 ぼく らは

自分を指さす。
指先を胸に向けて、左から右へ移動。

42 せかいに

胸の前にボールを持つような形にして手を出し、前へぐるりと回転させる。

43 ひとつ

44 だけの

「ひとつ」で出した右手を左手のひらの上にポンとのせる。

45 花

両手首をつけて手のひらを上へ向け、花の形をつくる。

46 ひとり

左手人さし指を右に向けてのばし、右手人さし指で、その下に「人」という字を描く。

47 ひとり

左手人さし指を右に向けてのばし、右手人さし指で、その下に「人」という字を描く。

48 ちがう

手首をまわして反転させる。

㊾ たねを

左手のひらを上に向けて出す。
その上に指先をすぼめた右手を
のせる。（指先が下）

㊿ もつ

手のひらを上に向けて、出した
手を握りながら少し下へ下げる。

51 その

自分を指す。

52 花を さかせる

両手首をつけて手のひらを
上へ向け、花の形をつくる。

53 こと

左手で輪をつくり胸の前に出し、
その上に右人さし指をのせる。

54 だけに

㊸で出した右手を左手のひらの
上にポンとのせる。

55 一生懸命に

手のひらを顔に向けて立て、
90゜前へ倒す仕草をくり返す。

56 なれば

ひじをはってこぶしを胸の
前に出し、トントンと２回
下へ下げる。

57 いい

鼻の前にこぶしを付け、
前へ押し出す。

愛のうた

STRAWBERRY FLOWER　作詞・作曲

C G F F/G
A
C
ひっ こぬ か れ て 一 あな ただ け に
F Am E F G C
一 つ い て い く 一 きょう も はこ ぶ たた かう ふえ る そし て た べ 一 ら れ る 一
C F Am E
ほ っ た か さ れ て 一 ま た あ っ て 一 な げ 一 ら れ て 一 で も わ た し た 一 ち あ な た に し た が い
F G C
B
Fmaj7 G C
つ く 一 し ま す 一
そろ そろ あそ んじゃ お う か な 一
そろ そろ あそ んじゃ お う か な 一

F G C Am F G
そっとでかけて ー みよ うかなんて ー ああ あーあ あの
もっとがんばって ー みよ うかなんて ー ああ あーあ あの
F G F G F/C C
そらに こいとか ー し なーがら ー
そらに こいとか ー し なーがら ー
C
C F Am E
1.
いろんないのちが ーいきている ーこの ーほしで ーきょうも はこぶたたかうふえるそして
ちからあわせて ーたたかって ーたべ ーられて ーでも
F G C F
たべーられるー ひっこぬかれて ーあつまって ーとば ーされて ーでも

Am E F G C Am E
わたしたーちあいしてくれとは いわーないよー
F G C Am E F G C
2.
わたしたーちあなたにしたがい つくーしますー
C F Am E
たちむかってーだまってーとばーされてーでも わたしたーちあいしてくれとは
F G C F F/G G7 A
いわーないよー

おさかな天国

井上輝彦　作詞
柴矢俊彦　作曲

ロックンロールののりで

G C D D7
A G Em C D7
すきだとイワシて サヨリちゃん タイしたもんだよ スズキくん
マスマスきれいな サヨリちゃん ブリブリしないで スズキくん
G Em C D7
イカしたきみたち みならってぼく もカレイに へんしんする
ぼくらがすきだと サケんでも かぜにヒラメく コイしいきも
G G7 B C
よ サンマホタテニシンー
ち ホッケアサリカツオー

G
A7
キ ス エ ビ タ コ ー
カ ニ カ キ タ ラ ー
マ グ ロ イ ク ラ ア ナ ゴ シ マ ア
タ ラ コ ウ ナ ギ ハ マ チ シ メ サ
D7
C
G
Am7
ジ ー
バ ー
サ カ ナ サ カ ナ サ カ ナ サ カ ナ を た べ る
Am7
D7
G
と
ア タ マ ア タ マ ア タ マ ア タ マ が よ く な
D7
D
G
Am7
る
サ カ ナ サ カ ナ サ カ ナ サ カ ナ を た べ る

Am7 D7 G G7
と カラダカラダカラダ カラダにいいのさ さあ
C G Am7
さ みんなでーサカナをたべよう サカナはぼくら
Am7 D7 to ⊕ 1/2 G C D
1.
を まってーいる ー
D G ⊕ Coda 1 G ⊕ Coda 2 G
2.
ー ー ー
D.S. 1
D.S. 2

地球をくすぐっチャオ！

三浦徳子　作詞
渡辺貞夫　作曲

サンバにのってうきうきと
C G7 F/G G7
mf
A
C D7 G7
みんな みんーな みんーな おいで　ぞうかばきりんらいおん
みんな みんーな みんーな おいで　さいだちょうらくだしまう
C D7
ん　みんな みんーな みんな あつまれ
ま　みんな みんーな みんな あつまれ
G7 C
B
C
スフィンクスにユニコーーン　さあーくさのうえで
スフィンクスにユニコーーン　さあーすなのうえで

D7 G7 C E7
ー さあ ー じゅ ん び し よ う ー よ
ー さあ ー じゅ ん び し よ う ー よ
F C/G A7 D7 G7
お ー へ そ を さ あ く ー す ぐ っ チャ オ スマイル スマイル
つ ー ま さ き ほ ら く ー す ぐ っ チャ オ スマイル スマイル
C F C/G A7
スマイル ち ー きゅ う を さ あ く ー す ぐ っ チャ オオ
スマイル わ ら い だ す ま で く ー す ぐ っ チャ オオ
ち ー きゅ う が ほ ら わ ー ら っ ー た よ
D7 G7 to C 1. C C
スマイル スマイル スマイル ほ し も ね
スマイル スマイル
スマイル スマイル
（ビギンのリズムで）

（♯や♭が右手によく出てきます。サンバの雰囲気を楽しみながら、気をつけて弾いてください。）

ヒットソング

大きな古時計

保富庚午　訳詞
ワーク　作曲

♩=96くらい
お
A
おきなのっぽのふるどけいおじいさんのとけいひゃく
んでもしってるふるどけいおじいさんのとけいきれ
よなかにベルがーなったおじいさんのとけいおわ
ねんいつもうごいてたごじまんのとけいさおじ
いなはなよめやってきたそのひもうごいてたさうれ
かれのときがきたのをみなにおしえたのさてん
B
いさんのうまれたあさにかってきたとけいさい
しいこともかなしいこともみなしってるとけいさ
ごくへのぼるおじいさんとけいともおわかれ

G D7 G7 E7 Am Cm G/D D7 G
まは もう うごかない その と けい ひゃく
C
G D7 G G D7 G
ねんやすまずに チク タク チク タクおじいさんといっしょに チク タク チク タクい
G D7 G7 E7 Am Cm G/D D7 G G
1.2. 3.
まは もう うごかない その と けい な い
ま

さよならマーチ

井出隆夫　作詞
越部信義　作曲

G7 C A C F♯dim C
かえりたくない
C G7 F Em A7
かえりたくない かえりたくないけどー
Dm7 G7 C B C Em E♭
さよならマーチ さらばいばい さらばい
Dm G7 C C Cm
げんきにさらばい そろそろもんが しまっちゃう

F G7 C D C Em E♭
ほ ら つ か ま え た さ ら ばい ばい さ ら ばい
Dm G7 C E C B7 C
げん き に さ ら ばい あ し た の あ し た に
F G7 C C C7
ま た あ そ ぼう にっ こ り わ らっ て
F D7 G7 C
ま た ね ー や く そ く マ ー チ

うたえバンバン

阪田寛夫　作詞
山本直純　作曲

G7
A
C
く ー ち を おお き く あ け ま し て
カッ カ カッ カ プン プン す る か わ り
む ー ね を グー ン と は り ま し て
C A7 Dm Dm7
う た っ て ご ら ん アイ アイ アイ そ の う た グ ン グ ン ひ ろ が っ て
う た っ て ご ら ん アイ アイ アイ ちょ っ ぴ り お な か も へ る け れ ど
う た っ て ご ら ん アイ アイ アイ い つ で も ど こ で も ど な た で も
G7 C B G C
だ れ か の こ こ ろ と こん に ち は あ あ あ いい な ー う た ご
こ こ ろ が ド カ ン と ひ ら き ま す あ あ あ いい なな ー あ お い
こ こ ろ が ホ カ ホ カ あっ た ま る あ あ あ いい な ー う た ご
G C Fm C
え は アイ アイ アーイ ー せ か い いっ ぱい いっ ぱい いっ ぱい ラ ラ
そ ら アイ アイ アーイ ー あ た ら し い ひ が い ま ラ ラ
え は アイ アイ アーイ ー う ちゅ う いっ ぱい いっ ぱい いっ ぱい ラ ラ

Dm7 G7 C
C
C
ひ び き あ う ー う た う た え ー う た う た え ー う た え
や っ て く る ー
ひ び き あ う ー
C A7 Dm Dm7 Dm
バン バン バン バン バーン ー う た う た え ー う た う た え ー う た え
G7 C C G7
1.2.
3.
バン バン バン バン バーン バーン う た え バン バン
C
バン バン バーン

友だちシンドバッド

芙龍明子　作詞
橋本祥路　作曲

B♭ E7 Am7 D7 Gm7 C7
A
F C7 F C7
と お い く に か ら ふ ね に の り う な ば ら を
こ わ い し ま か ら ぬ け だ し て た か ら も の
た か い マ ス ト に か け の ぼ り お お ご え で
F F C7 F D7
やっ て き た ぼ う け ん も と め て や っ て き た
もっ て き た ふ く ろ に い っ ぱ い も っ て き た
よん で い る と お く を ゆ び さ し よ ん で い る
Gm7 C7 F F7
B
B♭
そ れ は だ れ で しょう シ ン ド バッ ド ー シン ド
そ れ は だ れ で しょう シ ン ド バッ ド ー シン ド
そ れ は だ れ で しょう シ ン ド バッ ド ー シン ド

F Gm/C C C+5 F F7
バッ ド ー ぼ く の と も だ ち ぼ く も
バッ ド ー ぼ く の と も だ ち ま た い
バッ ド ー ぼ く の と も だ ち ち か ら
B♭ Am7 D7 Gm7
ター バン ー ま い て さ あ ー あ さ ひ の う み
こう よ ー と も に さ あ ー ゆ う き を だ し
いっ ぱい ー い く ぞ さ あ ー う み の は て ま
F Gm7 C7 F
1.2.
3.
へ ー ー
て ー
で

ヒットソング

WAになっておどろう

長万部太郎　作詞・作曲

G
Cm6/G
Dsus4
A
C
C/D
G/B
Em
Cmaj7
D7/C
B
うじゃけたかおしてどしたのー　つまらないならーほらね　わになっておどろー　みんなでー
だいすきなこがいるならー　はずかしがってちゃーダメね　わになっておどろー　みんなでー
あそびもべんきょうもしたけどー　わからないことーだらけなら
おとなになってもいいけどー　わすれちゃダメだよーいつも
わになっておどろー　いますぐー　かなしいことがーあれば
わになっておどろー　いつでもー　ひとりぼっちーのとき
しいことがーあれば

Bm7 Em Cmaj7 B7 Em7 A7/C♯
もうすぐー たのしいことがーあるからー しんじてみよう
でさえもー だれかがいつもきみをー みてくれる
もうすぐー たのしいことがーあるからー しんじてみよう
Am7/D
C
G C D7 Em
ー
ー
ー
オー オーオー さあ わになっておどろー
G C C/D Em G C
ラララララ すーぐにわかるかーら オー オーオー さあ
D7 Em G C
to
C/D
わになっておどろー ラララララ ゆめをかなえる

G D/F♯ Em G/B C
よ ー ー Wow ー ー ー ー ー
Dsus4 D G Cm6/G G
ー I-LE AI-YE ー I-LE AI-YE I-LE AI-YE ー
Cm6/G G Cm6/G G
I-RE AI-YE I-RE AI-YE ー I-RE AI-YE I-RE AI-YE ー
(2回目は)
Coda
Cm6/G Dsus4 C/D G
I-RE AI-YE かな ゆめをかなえるーよ
D.S.

G C D Em G C
オー オー オー さあ わ に なっ て お ど ろ ー ラ ラ ラ ラ ラ ラ
C/D Em G C D Em
ー ラ ラ ラ ラ ラ ラ ー ラ オー オー オー さあ わ に なっ て お ど ろ ー
G C C/D G Am7/D G
1. 2.
ラ ラ ラ ラ ラ ラ ラ ラ ラ ラ ラ ラ ー ラ ラ ラ ラ ラ ラ ラ ラ ー ラ

春のうた

スキップ

新沢としひこ　作詞
中川ひろたか　作曲

C G7 C
A
C F G7 C
ぼ く に ー つ い て お い で よ ー ま ち へ さ あ で か け よ う ー こ こ ろ
す れ ち ー が う だ れ に で も ー あ い さ つ を し て ま わ ろ う み ど り
Fm C G7 C
が ム ズ ム ズ お ど り だ し たい の さ ー ラ ラ ラ
も イ キ イ キ か が や き はじ め た よ ー ラ ラ ラ
B
C G7 C
ス キ ッ プ ー ラ ラ ラ ス キ ッ プ ー は る の ま ち は ー げ ん き げ ん き ラ ラ ラ
ス キ ッ プ ー ラ ラ ラ ス キ ッ プ ー か ぜ も と り も ー げ ん き げ ん き ラ ラ ラ

C G7 C 1.
ス キ ッ プ ー ラ ラ ラ ス キ ッ プ ー き み も ぼ く も ー げ ん き げ ん き
ス キ ッ プ ー ラ ラ ラ ス キ ッ プ ー く さ も は な も ー げ ん き
C
F C G7 C
く ち ぶ え ふ い て ー は る が ー き た よ ー
Fm C D7 G G+5
け い と の セー タ ー ー い ち ま い ぬ い だ ら
C 2. F G7 C
げん き

春の風

和田徹三　作詞
広瀬量平　作曲

♩=126くらい　軽やかに
C Am Dm G G+5
C C Am
ルル　ルルールル　ルル　ルルールル　ルル
Dm7 G7 C Am
ルールー　ル ルー　ルー　はる　のかーぜは　かけ　てゆーくよ　ルル
Dm G7 C F Em A7
ルールー　ル ルール　ルー
プク　プ　ク ふ と っ た　き ぎ の め を
おが　わ　の は しゃ い だ　せ せ ら ぎ に
れん　げ　に タ ン ポ ポ　つ く し ん ぼ

Dm G7 C Am
スィー スィーとなでながら おはようおはようおはようおはようはる
シャパシャパシャパッととうたわせて おどろうおどろうおどろうおどろうはる
コチョコチョコチョッとくすぐって あそぼうあそぼうあそぼうあそぼうはる
Dm C G C Dm G7 C9
1.2. 3.
だ よはるだ よ ルル よ
だだ よはるだ よ ルル
だ よはるだ

うれしいひなまつり

サトウハチロー　作詞
河村光陽　作曲

A
B
あかりをつけましょ　ぼんぼりに　おはなをあげましょ　もものはな　ごにんばやーしの　ふえたいこ　きょうはたのしい　ひなまつり
おだいりさーまと　おひなさま　ふーたりならんで　すましがお　およめにいらーした　ねえさまに　よくにたかんじょの　しろいかお
きーんのびょうぶに　うつるひを　かーすかにゆーする　はるのかぜ　すこししろーざけ　めされたか　あかいおかおの　うだいじん
きものをきかえて　おびしめて　きょーうはわたしも　はれすがた　はるのやよーいの　このよきひ　なによりうれしい　ひなまつり
1.3.
2.
4.
D.C.
rit

春のうた

春がきたんだ

ともろぎゆきお 作詞
峯 陽 作曲

さわやかに やさしく

C C+5 F G7
A
C G7 C Am7
はるのかぜが ふいてきたら メダカもチョウチョも
はるのかぜが ふいてきたら キャベツもモグラも
D7 G7 C F Dm C G7 C
ことりたちも うれしそうに わらうだろう はるだよぼくらの はるがきたよ
しろいくもも たのしそうに うたうだろう はるだよぼくらの はるがきたよ
B
C F G7 C
きたかぜ なんか あっちのほうへ いっちゃえ
なかまじゃ ないか ぼくたち みんな
C C+5 F6 G7 C G C
すてきな はるが ほんとに きたんだ わーいわい!
まってた はるが ここにも きたんだ わーいわい!
Fine
D.C. al Fine

（言葉を語ると自然に3連符になります。歌いながら語りながら、3連のリズムを身体で感じながら確かめましょう。）

春のうた

たんぽぽ

葛原しげる　作詞
本居　長世　作曲

♩=126　流れるように　はずんで

A♭ E♭ A♭ E♭ B♭7
A E♭
た ん ぽ ぽ　た ん ぽ ぽ
た ん ぽ ぽ　た ん ぽ ぽ
Fm7 B♭7 E♭ Fm7 B♭7 E♭
た ん ぼ の　た ん ぽ ぽ　た く さ ん の　た ん ぽ ぽ　ぽ ぽ ぽ ぽ　た ん ぽ ぽ
た ん ぼ の　た ん ぽ ぽ　た く さ ん の　た ん ぽ ぽ　ぽ ぽ ぽ ぽ　た ん ぽ ぽ
B
G7 Cm Ddim7 Cm/E♭ Fm6 Cm G7 A♭
あ っ た か い　か ぜ が　そ よ そ よ　そ よ　み つ ば ち　こ ば ち が
か わ い い　ち ょ う ち ょ う　ひ ら ひ ら　ひ ら　ま ひ る の　お ひ さ ま
Fm9 B♭7 E♭ E♭ A♭ E♭ B♭7 E♭
1. 2.
ぶ ん　ぶ ん　ぶ ん　き ら
き ら　き ら

春のうた

サンサンサン

井出隆夫　作詞
高井達雄　作曲

サンサンそらから　おひさまが　ひかりのてがみを　くれました　おはなは
サンサンそらでは　おひさまが　いつでもみんなを　よんでます　のはらへ
サンサンだれにも　おひさまは　おんなじおかおで　わらいます　あのこも
さいたか　サン　サン　サン　サン　サン　みつばち　はたらけ
とびだせ　サン　サン　サン　サン　サン　げんきに　おあそび
このこも　サン　サン　サン　サン　サン　おおきく　おなりよ
1.2.
3.
サン　サン　サン　サン　サン　サン　サン　サン
サン　サン　サン　サン　サン
サン　サン

春のうた

こいのぼり

近藤宮子　作詞
小出浩平　作曲

C F G7 C
A
C
や ね よ り た か い
D7 G C G7 C
こ い の ぼ ー り お お き い ま ご い は お と う さ ん
B
F C/E D7 G7 C F
ち い さ い ひ ご い は こ ど も た ー ち お も し ろ そ う に
G7 C C F G7 C
お よ い で る

子どもの日

小森香子　作詞
大西　進　作曲

G　D7　G　A　C　G
そ　ら　に　は　げ　ん　き　な　こ　い　の　ぼ　り
しょ　う　ぶ　の　は　ち　ま　き　く　さ　ー　ぶ　え
C　A7　D　G　C　Am7/C　D　A7/C♯　D7
あ　お　ば　が　き　ら　き　ら　わ　ら　っ　て　る　あ　つ　ま　れ　あ　つ　ま　れ　な　か　ま　た　ち　ひ　ろ　ば　へ　さ　あ　ゆ　こ
じょ　う　ぶ　な　こ　ど　も　に　そ　だ　つ　よ　う
G　B　G　Am7　D7　G　D7
う　ふ　き　わ　た　る　ご　が　つ　の　か　ぜ　は　つ　な　つ　の　た　い　よう　て　を
G　G7　C　Am7　D7　G　G
1.　2.
つ　な　ぐ　よ　ろ　こ　び　きょ　う　は　こ　ど　も　の　ひ　ひ

夏のうた

ライオンはみがき

中川ひろたか　作詞・作曲

ロック・オン
ア
な
フ リ カ の　そ う げ ん に　お ひ さ ま の ぼ る こ ろ　ラ イ オ
ん き ょ く の　ひ ょ う ざ ん に　お ひ さ ま し ず む こ ろ　ペ ン ギ
ン お じ さ ん　は を み が く　あ さ や け い ろ の は を み が く
ン お ば さ ん　は を み が く　ゆ う や け い ろ の は を み が く
ライ オン は み が き　オン オ オ ーン　オン オ オ ーン　オン オ オ ーン
ペン ギン は み が き　ギン ギ ギ ーン　ギン ギ ギ ーン　ギン ギ ギ ーン

B♭ B♭m F C7 F C7
ライオンはみがき オンオオーン オンオオーンはをみがく ついで
ペンギンはみがき ギンギギーン ギンギギーンはをみがく ついで
C
F C7
にはブラシかわかして ー ボサボサがみをとかすのさ こ
にはブラシかわかして ー そでのほこりをはらうのさ こ
C7 F F
1. 2.
れがね ライオンおじさーん おでかけまえのお しごとなの しごとなの
れがね ペンギンおばさーん おやすみまえのお

だから雨ふり

新沢としひこ　作詞
中川ひろたか　作曲

あまり速くなく　かわいらしく

G　G/F♯　Em　G/D　Am　D6　D+5　D7
A
G　Gdim　Am7　D7
きのうみどりのカエルがね
きのうとなりのアジサイが
きのうきいろいナガグツが
（手拍子）
G　Gdim　Am　D7　G
おおきなハッパのうしろでね
すっかりよういをととのえて
ホコリだらけのげたばこで
（手拍子）
おてんき
そろそろ
そーとの
G7　C　A7
つづきでかなわんと　そらにおいのり
あたしもさきたいと
くうきをすいたいと

D7 B G C D
し た ん だ よ　だ か ら き ょ う は あ め ふ
G C D7 G 1.2.
り　だ か ら き ょ う は あ め ふ り
G 3. C D7 G
り

あめふりくまのこ

鶴見正夫　作詞
湯山　昭　作曲

♩=82
C　Em　F　C　G7　C
Ped.　Ped.
Dm7　G7　C　C　F
おやまにあーめがふりました
いたずらくまのこかけてきて
なんにもいないとくまのこは
それでもどこかにいるようで
なかなかやまないあめでした
（ペダルを使って）
G7　C　Dm7
あとからあとからふってきて　ちょろちょろおがわが
そうっとのぞいてみてました　さかながいるかと
おみずをひとくちのみました　おててですくって
もいちどのぞいてみてました　さかなをまちまち
かさでもかぶっていましょうと　あたまにはっぱを
G7　C　C　C　F　C
1.2.4.　3.　5.
できました　た　た
みてました
のみまし
みてました
のせまし
D.C.

はやくてんきにナーレ

井出　隆夫　作詞
福田和禾子　作曲

F Dm C7 F
F C7
テ ル テ ル ぼ う ず の　な ま け も の　せ ん た く ひ も か ら　お り て こ い
ね こ の こ ご は ん を　あ げ な い ぞ　お ひ げ の そ う じ は　も う や め ろ
F Dm B♭ C7
あ め よ ー　あ め よ ー　あ が れ ご ま　ー
そ ら よ ー　そ ら よ ー　は れ ろ ご ま　ー
gliss
F C9 F C9 F
1. 2.
は や く て ん き に　な　あ れ ー　な　あ れ ー
は や く て ん き に

たなばたさま

権藤花代・林柳波　作詞
下総皖一　作曲

F Dm Gm C7 F
F Am Dm Gm7 C7
F Am Dm B♭ Gm7 F/C
C7 F B♭ F C7 F
さ さ の は さ ら さ ら の き ば に ゆ れ る
お ほ し さ ま き ら き ら き ん ぎ ん す な ご
ご し き の た ん ざ く わ た し が か い た
お ほ し さ ま き ら き ら そ ら か ら み て る

とんぼのめがね

額賀　誠志　作詞
平井康三郎　作曲

♩=96
とんぼの めがねは みずいろ めがね あーおい おそらを とんだか ら とんだか ら ー
とんぼの めがねは ぴかぴか めがね おてんと さーまを みてたか ら みてたか ら ー
とんぼの めがねは あかいろ めがね ゆうやけ ぐーもを とんだか ら とんだか ら ー
to Coda
Coda
D.C.

夏のうた

ツッピンとびうお

中村千栄子　作詞
櫻井　順　　作曲

Allegro　元気に

C Am Dm D7 G
C Am G7 C C6
ツッ ピン ツッ ピン
ツッ ピン ツッ ピン
ツッ ピン ツッ ピン
G Am C7 F Cmaj7
と び う お ツッ ピン ピン ぎ ん の つ ば さ ツッ ピン ピン
と び う お ツッ ピン ピン ほ そ い か ら だ ツッ ピン ピン
と び う お ツッ ピン ピン ひ ろ い う み を ツッ ピン ピン
F6 Em7 F Dm Em
あ お い う み を ツッ ピン ピン む ね に あ さ ひ を
し ろ い な み を ツッ ピン ピン お ち た ゆ う ひ を
な み を けっ て ー ツッ ピン ピン あ た ら し い く に

F6 Gsus4 G7 C7 F F♯dim
うつして くもまで とどくか
さがして どこまで いくのか
みつけに およいで いくのか
C A7/G Dm Em Am
1.2.
ツッピン ツッピン とびうお ツッピン ピン
ツッピン ツッピン とびうお ツッピン ピン
ツッピン ツッピン とびうお
Dm7 G7 C Em Am7 Dm7 G7 C
3.
とびうお ツッピン ピン
とびうお ツッピン ピン
ツッピン ピン とびうお ツッピン ピン
a tempo
sf

夏のうた

魚になって

まきみのり　作詞
峯　陽　作曲

（各コーラスごとに間奏として、イントロ４小節を弾いてもよい）

F Gm7 C7 F Gm7 C7 A F
Am Gm Am F Am
C7 F B Dm C
C Dm C7 F
さかなになってて　みずにもぐろう　さかなになってて　およいでゆこう
ドジョウになってて　ニョロニョロしよう　ドジョウになってて　およいでゆこう
ヒラメになってて　ひらひらしよう　ヒラメになってて　およいでゆこう
イルカになって　ぐんぐんおよごう　イルカになって　およいでゆこう
ほんとのさかなが　びっくりして　みてるよ　ぼくたち　まけずに　さあおよいでゆこう
ほんとのドジョウが
ほんとのヒラメが
ほんとのイルカが

みんな大好き

二本松はじめ　作詞・作曲

（2番以降は、自分たちで歌詞を作って歌ってみましょう。）

F F♯dim Gm7 C7
A
F
あおいそらが　すき　すき　あおいうみが
C7 F C7 F
すき　すき　おひさまいっぱい　すき　すき　みんなだいすき
B
F F♯dim Gm7 C7 F F♯dim Gm7 C7 F F♯dim
そら　うみ　そら　うみ　そらそらそらそら　うみうみうみうみ　そらそらそらそら
Gm7 C7 F C F F♯dim Gm7 C7 F
うみうみうみうみ　みんなだいすき

キャンプだホイ

マイク真木　作詞・作曲

F C F F
キャンプだホイ キャンプだホイ
C F F C F C F
キャンプだホイ ホイ ホーイ キャンプだホイ キャンプだホイ キャンプだホイ ホイ ホーイ
F B♭ F G7 C7
はじめてみるやま はじめてみるかわ はじめておよぐうみ
はじめてみるとり はじめてみるむし はじめてあそぶもり
はじめてあうひと はじめてうたううた はじめてつくるごはん
F B♭ Bdim F/C C7 F F
1.2. 3.
きょうからともだち あしたもともだち ずーっとともだちさ さ

おばけなんてないさ

槇みのり　作詞
峯　陽　　作曲

♩= 104

F　C7
A
F　C7
おばけなんてないさ
ほんとにおばけが
だけどこどもなら
おばけのともだち
おばけのくにでは
C7　F　C7　F
おばけなんてうそさ　ねーぼけたひとが　みまちがえたのさ
でてきたらどうしよう　れいぞうこにいれて　かちかちにしちゃおう
ともだちになろう　あくしゅをしてから　おやつをたべよう
つれてあるいたら　そこらじゅうのひとが　びっくりするだろう
おばけだらけだってさ　そんなはなしきいて　おふろにはいろう
B
Gm7　C7　C7　F　C7
だけどちょっとだけどちょっと　ぼくだってこわいな　おばけなんてないさ
C7　F　C7　C7　F　C7　F
1.2.3.4.　5.
おばけなんてうそさ

ほしがルンラン

村田さち子　作詞
藤家　虹二　作曲

F
D7
Gm7
C7
F
(前奏のみ)
Fine
A
F
B♭
F
Am
B♭
F
よ　る　に　な　る　と　ま　ど　か　ら　お　ほ　し　さ　ま　が
よ　る　に　な　る　と　や　さ　し　い　お　ほ　し　さ　ま　が
G7
C7
F
B♭
F
Am
や っ　て　き　て　ぼ　く　た　ち　を　ゆ　め　の　く　に　へ
ち い　さ　な　こ　え　で　ぼ　く　だ　け　に　こ　も　り　う　た　を
B♭
F
C7
F7
B
B♭
つ　れ　てっ　て　く　れ　る　の　で　す
う　ー　たっ　て　く　れ　る　の　で　す
お は な　が　いっ ぱい の

F C7 F F7
ルンラーン おかしがいっぱいの ルンラーン
B♭ F A7 Dm G7
おもちゃがいっぱいの ルンラーン ゆめのゆめのく
C7 C F Cdim D7
にー ルンラン ルンラン ルンラー
D7 Gm C7 F
ン ルンラン ルンラン ルンラーン
D.C. al Fine

ジグザグおさんぽ

高見　映　作詞
越部信義　作曲

C
B♭
G7
A
C
G7
も り の こ み ち ジ グ ザ グ お さ ん ぽ
あ め の こ み ち ジ グ ザ グ お さ ん ぽ
う た を う た っ て ジ グ ザ グ お さ ん ぽ
G7
B♭
G7
C
G7
C
ジ グ ザ グ ジ グ ザ グ お さ ん ぽ さ ー ん ぽ
ジ グ ザ グ ジ グ ザ グ お さ ん ぽ さ ー ん ぽ
ジ グ ザ グ ジ グ ザ グ お さ ん ぽ さ ー ん ぽ
B
F
C
G7
C
い し け ー り し な が ー ら あ る こ う か な ー
み ず た ま り と び こ え て み よ う ー か な ーー
シャバ ダバ ダ バダ シャバ ダバ ダ バダ デュ デュ デュ ワ デュ ワ ー

F C D7
あのいしねらってー (セーノ) (カラブリ！)
おっこちないよーうにー (セーノ) (しっぱい！)
シャバダバシャバダバシャバダバー (パパヤパヤパパヤパヤ) (パヤパヤ・・・・・)
G7 C C
もりのこみち ジグザグおさ
あめのこみち
うたをうたって
G7 B♭ G7 C G
んぽ ジグザグジグザグ おさんぽさーん
C D Am Dm G7
ぽさんぽ ーさんぽ

G7 C 1.2. E C Am C Am
ジグザグおさんぽ
シャラララー シャラララー
C Am B♭ G C Am
シャラララー ララー
シャラララー
C Am C F C C Cmaj7 3.
シャラララー
シャラララーララ ラ
ぽ
(軽くやさしく)

秋のうた

むしのこえ

文部省唱歌

F Em A7 Dm7 G7 C
A
C F C
あれまつ むしが
キリキリ キリキリ
mf
F G C F C
ないている チンチロ チンチロ チンチロリン あれすずむしも
こおろぎや ガチャガチャガチャガチャ くつわむし あとからうまおい
mp
mf
F G C
B
C
なきだした リンリン リンリン リーンリン あきのよながを
おいついて チョンチョンチョンチョンスイッチョン あきのよながを
mp
F F♯dim C F C A7 Dm G7 C C
1.
2.
なきとおす ああおもしろい むしのこえ え
なきとおす ああおもしろい むしのこ
mf

イモ掘れホーレ！

福尾　野歩　作詞
才谷梅太郎　作曲

ちゃいろのはたけを　たがやしてー　みどりの　なえを　うえよう
みずをやったら　めがのびてー　もっとやったら　はながさく　つるがどんどん
のびてきて　おおきなおいもが　できました　いもほれホーレ　ホーレホレ
ホレホレホレホレ　ホーレホレ　いもほれホーレ　ホーレホレ　ホレホレホレホレ　ホ

秋のうた

どんぐりころころ

青木存義　作詞
梁田　貞　作曲

C G C
どんぐりころころ
どんぐりころころ
C G C F C G7
どんぶりこ おいけにはまって さあたいへん
よろこんで しばらくいっしょに あそんだが
C G7 C F C
どじょうがでてきて こんにちは ぼっちゃんいっしょに
やっぱりおやまが こいしいと ないてはどじょうを
F G7 C C G7 C
あそびましょう
こまらせた

秋のうた

秋があんまりおいしくて

柴田洋太郎　作詞
福田和禾子　作曲

C
B7
Em7
A7
Dm7
G7
A
あまがきあんまりおいしくて やきぐりやっぱり
まつたけまったくおいしくて やきいもやっぱり
おいしくて ついついたべすぎ おおさわぎ
おいしくて おならがでちゃって おおさわぎ
C9
G+5
ドタバタたいそう おおさわぎ
アタフタくさくて おおさわぎ

B
C Dm7 Dm/G Dm Dm/G
あきなすぎんなんとうもろこし さんまのけむりで
ラーメンカレーにハンバーグ ズボンのボタンも
G7 Dm7 B Em7 A7
まっくろけ あきがあんまりーー
はじけちゃう あきがあんまりーー
Dm7 G7 C C C9
おいしくーてー
おいしくーてー
8va

秋のうた

かめの遠足

新沢としひこ　作詞
中川ひろたか　作曲

かめの歩みのように

かめのえんそくはみっかまえからリュック
ののえんそくはよあけまえからみんなな
るごはんをバスていでたべてそろそろ
のえんそくはよるになってもやまには
サックにおかしをつめるかめのだいすきなチョーコ
あつまるバスていにむかうおひるになってやっと
やまへむかいましょうかあしどりかるくくちぶえ
とてもとどかなかったあしたがあるさほしが
レートはベタベタとけてもうたべられない
ついたらみんなとバスはもういなかった
もでるやまについたらなにをしようか
きれいだかめはねむるやまをゆめみて

B
F C G7
のんびりいこう のんびりいこう いそいでいくと
C C7 F C
すぐおわるだろう のんびりいこう のんびりいこう
G7 C C
1.2.3. 4.
ゆっくりいけば まだまだつづく かめ く
おひ
かめ

秋のうた

まっかな秋

薩摩　忠　作詞
小林秀雄　作曲

F F7 B♭ F C7 F
A
F C F C F B♭ C
まっかだな まっかだな つたーのはっぱが まっかだな
まっかだな まっかだな からーすうりって まっかだな
まっかだな まっかだな ひがーんばなって まっかだな
F Gm7 C7 F
B
C7
もみじのはっぱも まっかだな しーずむゆうーひに
とんぼのせなかも まっかだな ゆーーやけぐーもを
とおくのたきびも まっかだな おーみやのとりいを
F F7 D7 Gm
てーらされて まっかなほっぺたの
ゆーびさして まっかなほっぺたの
くーぐりぬけ まっかなほっぺたの

B♭ G7 C7 F F7 B♭
き ー み と ぼ く ま っ か な あ き に
き ー み と ぼ く ま っ か な あ き に
き ー み と ぼ く ま っ か な あ き を
1 4 3 1 4 3 2
F/C F F C7 F
1.2. 3.
か こ ま れ て い る る
よ び か け て い る
た ず ね て ま わ
1 3 2 1 3 2 1 3 1

お星さまのカーニバル

中川まりえ　作詞
浦木　正志　作曲

G
A7
Em7
A7
D
A
D
A7
おそらの　うえでは　ー
おそらの　うえでは　ー
Bm7
D/A
G
E7
おほしさま　ー　みんなキラキラ　おどってる
おほしさま　ー　みんなたのしく　うたってる
G/A
A7
B
D
A7
ー　ー　わたしに　はねが　ー
ー　ー　つきの　うさぎも　ー

Bm D/A G A7
あったならー いっしょにーキラキラ なかまい
くわわってー みんなでーいっしょに ハーモニ
D D7 C G A7
りー ー すずを かたてに シャン シャンと
ー ー あさが くるまで ラン ランと
D D7 G A7
ー ー きらめくー ードレス でおどり
ー ー メロディー ーよぞら にひびき
D D7 G A7
ましょー ー すてきな ーすてきな
ますー ー たのしい ーたのしいな
な ーすてきな

to Coda A7
D F♯7 Bm Em7
1.
カ ー ニ バ ル ー ゆ め の お く に の カ ー ニ バ ル
カカ ー ニ バ ル ー ゆ め の お く に の
カ ー ニ バ ル ー ゆ め の お く に の
D G/A A7 A7 D
2.
ー ー カ ー ニ バ ル ー
Coda
D7 A7 D C D
ー す て き カ ー ニ バ ル ー ー
D.S.

冬のうた

たきび

巽　聖歌　作詞
渡辺　茂　作曲

かきねの かきねの まがりかど たきびだ たきびだ おちばたき あたろうか あたろうよ きたかぜ ピープー ふいている
さざんか さざんか さいたみち たきびだ たきびだ おちばたき あたろうか あたろうよ しもやけ おててが もうかゆい
こがらし こがらし さむいみち たきびだ たきびだ おちばたき あたろうか あたろうよ そうだん しながら あるいてく
rit.

きたかぜこぞうのかんたろう

井出　隆夫　作詞
福田和禾子　作曲

D
(スタコラ歩いてくるように)
Em
A7
D
D
A
D
Em
き た
か ぜ ー　こ ぞ う ー の か ん た ろ う
か ぜ ー　こ ぞ う ー の か ん た ろ う
か ぜ ー　こ ぞ う ー の か ん た ろ う
Em
Em/A
F♯m
ー　こ と し も ー　ま ち ま ー で や っ て き た
ー　く ち ぶ え ー　ふ き ふ ー き ひ と り た び
ー　で ん し ん ー　ば し ら ー も な い て い る

F♯m
B
G
ー　ヒュ　ー　ーン　ヒュ　ーン　ヒュ　ル　ル　ー　ン
ー　ヒュ　ー　ーン　ヒュ　ーン　ヒュ　ル　ル　ー　ン
ー　ヒュ　ー　ーン　ヒュ　ーン　ヒュ　ル　ル　ー　ン
G　F♯m　G　G/A
ル　ン　ル　ン　ル　ン　ー　ふ　ゆ　で　ご　ざ　ん　ー　す　ヒュ　ル　ル　ル　ル　ル
ル　ン　ル　ン　ル　ン　ー　さ　む　う　ご　ざ　ん　ー　す　ヒュ　ル　ル　ル　ル　ル
ル　ン　ル　ン　ル　ン　ー　ゆ　き　で　ご　ざ　ん　ー　す　ヒュ　ル　ル　ル　ル　ル
D　D
1.2.　3.
ルン　き　た　ルン
ルン　き　た
p
（だんだん去っていくように）

冬のうた

ゆきのこぼうず

村山寿子　作詞
外国曲

F
C7
F
F
ゆきのこぼうず　ゆきのこぼうず
ゆきのこぼうず　ゆきのこぼうず
ゆきのこぼうず　ゆきのこぼうず
C7
F
C7
F
C7
F
やねにおりた　つるりとすべって
いけにおりた　するりともぐって
くさにおりた　じーっとすわって
C7
F
C7
F
C7
F
1.2.
3.
かぜにのって　きえた　きえた
みんなみんな　きえた
みずになって
(やさしく)
p

冬のうた

雪

文部省唱歌

F G7 C7 A F
ゆ ー き や こん こ
ゆ ー き や こん こ
F C7
あ ら れ や こん こ ふっ て は ふっ て は ず ん ず ん つ も る
あ ら れ や こん こ ふっ て も ふっ て も ま だ ふ り や ま ぬ
B F B♭ F Dm
や ー ま も の は ら も わ た ぼう し か ぶ り か れ き の こ ら ず
い ー ぬ は よ ろ こ び に わ か け ま わ り ね こ は こ た つ で
G7 C7 F 1. F 2. B♭ C7 F
は な が さ く る
ま る く な

（付点音符と八分音符をきちんと歌ってみましょう。伴奏を弾くときも、正しいリズムで歌いながら弾いてみると案外自然に入れます。）

冬のうた

おしょうがつ

東　くめ　作詞
滝廉太郎　作曲

F C Am7-5 D7 Gm7 C7 F
F C F C7 F
もう いくつ ねると おしょうがつ
もう いくつ ねると おしょうがつ
B♭ F Dm C7 F F C Dm G7 C7
おしょうがつには たこあげて こまをーまわして あそびましょう
おしょうがつには まりついて おいばねついてー あそびましょう
F C7 F D7 Gm7 C7 F B♭ B♭m C7 F
はやくーこいこい おしょうがつ
はやくーこいこい おしょうがつ

（指づかいを考えるとき、「鍵盤から手を離さないで動くにはどうしたらよいか」ということが、大きいヒントになるでしょう。）

おにはそと

佐倉智子　作詞
大西　進　作曲

プン プン プン プン おこりんぼおにも
（うでぐみをして、左右に頭をふりながら）
メソ メソ メソ メソ なきむしおにも
（泣きまねをしながら）
おいだせでていけ
（手拍子７回）
まめまきだ おにはそと ふくはうち
（左右に豆をまくしぐさ）

冬のうた

オニはうちでひきうけた

新沢としひこ　作詞
中川ひろたか　作曲

G Gdim Am7 D7 G
A
G D7
う ち に オ ニ が い た ら さ く び に
う ち に オ ニ が い た ら さ ぼ く が
う ち に オ ニ が い た ら さ いっ しょ に
D7 G
くさ り を つけ ちゃ っ て どろ ぼ う なん か が
おさ ん ぽ さ せ る よ いば っ て る こ が
こた つ に はい ろ う よ オ ニ は つ め が
D7
き た ら さ ワオーッ て ほ え て
き た ら さ コラーッ て い っ て
なが い か ら み か ん を む い て

G G7 B C G
もらおうよ
もらおうよ
もらおうよ
オニはうちったら オニはう
G D7 G G7
ち オニはうちで ひきうけた
C G E7 Am
オニはうちったら オニはうち オニは
D7 G G G
1.2. 3.
うちで ひきうけた た

冬のうた

豆まき

えほん唱歌

D Ddim7 Em7 A7 D Ddim7 D
おにはそと
おにはそと
Ddim D G D E A
ふくはうち ぱらっぱらっ ぱらっぱらっ まめのおと
ふくはうち ぱらっぱらっ ぱらっぱらっ まめのおと
D G A D D
1. 2.
おには こっそり にげていく み
はやく おはいり ふくのか

編集●音楽教材研究会
〒113-0033　東京都文京区本郷 4-5-9-901 民衆社内

編曲●後藤寿美（ごとう　すみ）
愛媛県出身。ピアノ・アコーディオン奏者。国立音楽大学卒業後、東京都立養護学校の教諭を経て、演奏家として活躍。伴奏ピアニストとしての豊かな経験を持ち、共演者から強い支持を受けている。演奏家の夫、後藤岳志（ごとう　たけし）との夫婦デュオ「天笑楽（てんしょうらく」を結成後、各地の保育園や保育関係者の集いでのミニコンサート、小・中・高校ＰＴＡ主催コンサート、また、劇団公演への作曲と生演奏での参加、ライヴハウスへの定期出演など、活動の領域をひろげている。演奏活動と共に、保育士対象の講座やピアノレッスンなど、子どもの歌の伴奏にも情熱をそそいでいる。主な著書に「子どもイキイキ　うたって楽しいピアノ伴奏入門（ＣＤ付)」、「みんなでうたえる　かんたん合唱曲集」、共著に「手話でうたう子どもの好きな歌　ベストアルバム（カラオケＣＤ付)」、「いま子どもたちに伝えたいピースソング　ベストアルバム（カラオケＣＤ付)」（いずれも民衆社刊）など多数。　連絡先　TEL&FAX　042-545-5545

手話振付け●永田美加（ながた　みか）
東京都練馬区立三原台児童館勤務。耳の聴こえない人の大切なコミュニケーションの手段である《手話》の素晴らしさ、楽しさを、多くの子どもたちに理解してほしいと活動中。著書に「手話でつたえたい歌　ＢＥＳＴ　ＳＥＬＥＣＴＩＯＮ」、共著に「手話でうたう子どもの好きな歌　ベストアルバム（カラオケＣＤ付)」、「手話でうたう　日本の童謡・唱歌ベストアルバム（カラオケＣＤ付)」、「手話でうたう教科書のうた　小学校篇」（いずれも民衆社刊）など多数。

装丁●藤森瑞樹（ふじもり　みずき）
1968 年東京生まれ。中学・高校を長野県で過ごす。出版社、デザイン関係の会社勤務を経て、現在、フリーでイラスト・デザインの仕事に携わる。　連絡先　TEL&FAX　03-3374-9557

表紙絵＆イラスト●十亀敏枝（そがめ　としえ）
幼稚園の教諭を経て、現在、フリーのイラストレーター。

民衆社ホームページURL　http://www.minshusha.jp/

こどものうたピアノ伴奏集　ベスト100

発行日　2003年12月25日（初版　第１刷）
　　　　2011年２月20日（第17刷）

編集者　音楽教材研究会
発行人　沢田健太郎
発行所　株式会社民衆社　東京都文京区本郷 4-5-9-901
　　　　電話 03(3815)8141／FAX 03(3815)8144

印刷　飛来社　　製本　光陽メディア

ISBN978-4-8383-0890-3 C3037